北京市武术运动协会审定

中国传统武术

杨氏太极拳系列启蒙教程五段教学法

王德明　编著

中国铁道出版社

2017年·北京

图书在版编目(CIP)数据

杨氏太极拳系列启蒙教程五段教学法/王德明编著
.—北京:中国铁道出版社,2017.2
(中国传统武术)
ISBN 978-7-113-22898-9

Ⅰ.①杨… Ⅱ.①王… Ⅲ.①太极拳－体育教学－
教学法 Ⅳ.①G852.112

中国版本图书馆 CIP 数据核字(2017)第 039874 号

书　　名: 中国传统武术
杨氏太极拳系列启蒙教程五段教学法
作　　者: 王德明　编著

责任编辑: 张苍松　王　耘　　**编辑部电话:** 010-51873098
封面设计: 崔丽芳
责任校对: 王　杰
责任印制: 郭向伟

出版发行: 中国铁道出版社(100054,北京市西城区右安门西街 8 号)
网　　址: http://www.tdpress.com
印　　刷: 中国铁道出版社印刷厂
版　　次: 2017 年 3 月第 1 版　2017 年 3 月第 1 次印刷
开　　本: 880 mm×1 230 mm　1/32　印张:7　字数:212 千
书　　号: ISBN 978-7-113-22898-9
定　　价: 35.00 元

编 委 会

杨氏太极拳创始人杨露禅

杨氏太极拳第二代传人杨健侯

杨氏太极拳第三代传人杨澄甫

杨氏太极拳第四代传人崔毅士

杨氏太极拳第五代传人刘高明

中国武术协会原主席张耀庭题字

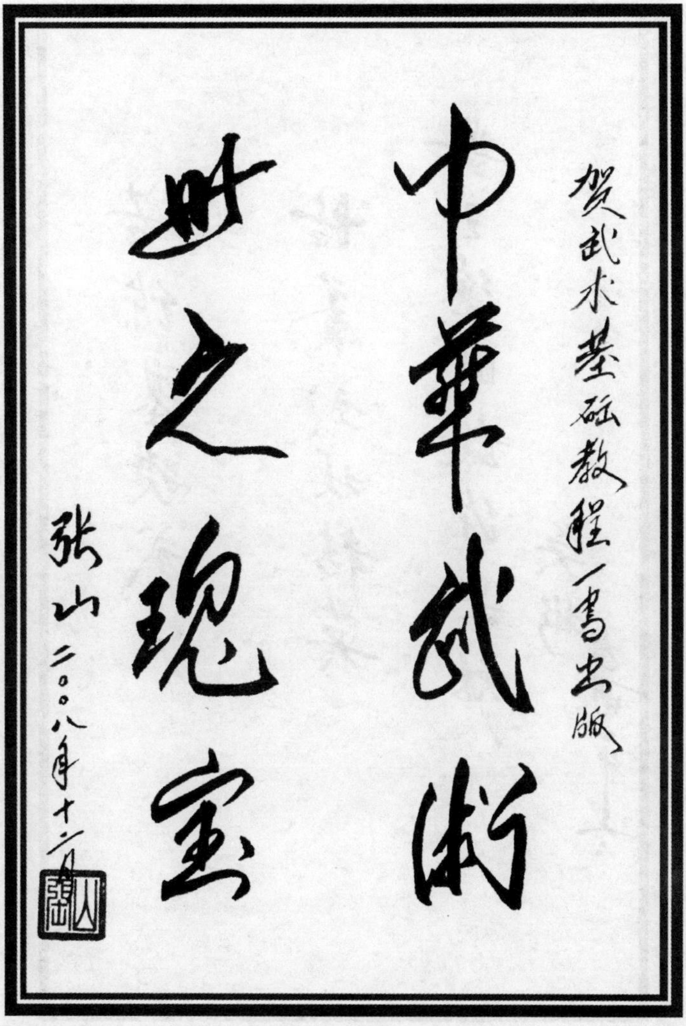

中国武术协会原副主席张山题字

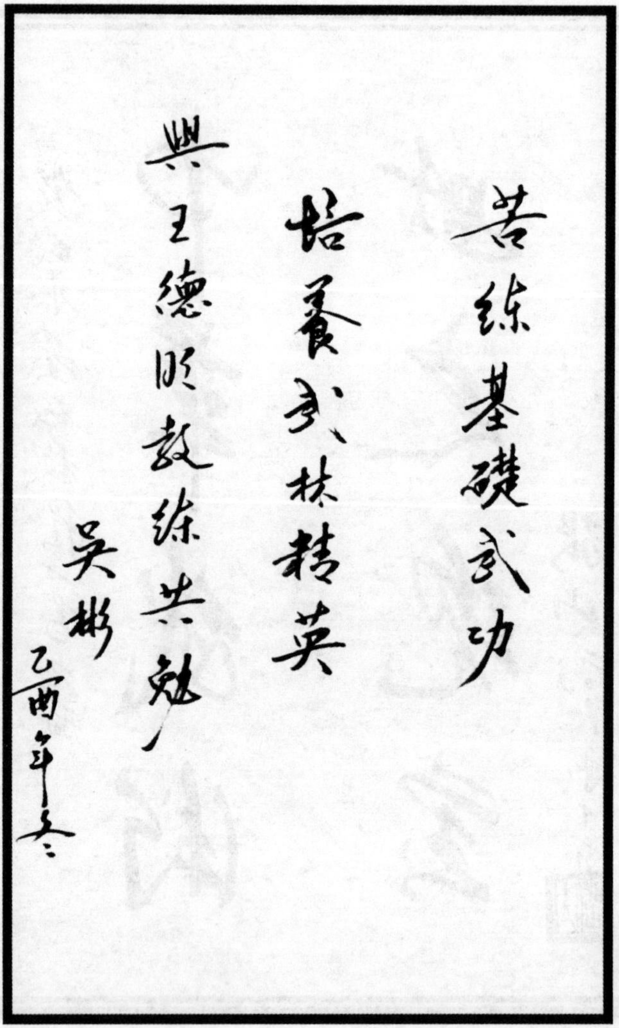

中国武术协会原副主席、中国武术专家委员吴彬题字

王德明老师留念

武术园丁育英才

李德印

二〇〇六年冬

著名太极拳专家李德印题字

书画家赵一唐题字

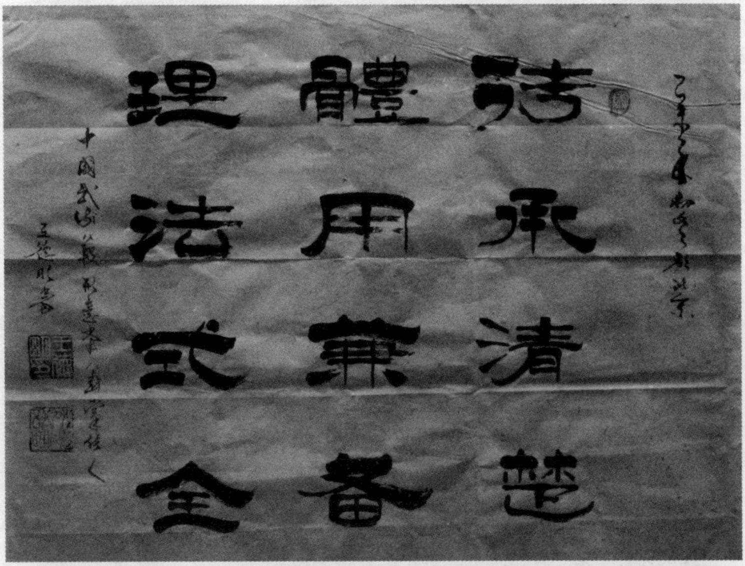

本书作者王德明武学理解自书

本书作者王德明太极功夫照

作者简介

王德明

1982 年毕业于首都体育学院武术专业

北京市特级教师、中国武术八段、北京市武术协会副主席

曾任北京市武术协会形意拳研究会副会长

北京市武术协会八卦掌研究会技术指导

北京市优秀教师

北京市先进骨干教师学科带头人

北京市校外教育先进个人、优秀教练员

中国青少年儿童校外教育名师

北京市劳动模范

1982 年至 1999 年，首都体育学院武术专业讲师；院代表队教练；竞技体校武术专业队教练。

1999 年 5 月至今，朝阳区青少年活动中心，北京市武术协会青少年武术培训基地武术教练。

自 9 岁习武至今 52 年，师承于形意拳名家王继武、张祥斋高徒张宝杨、潘志远、程派八卦掌孙志军、杨式太极拳刘高明、查拳名家齐某业、花拳名家谢志奎、宋志平。教学 39 年。曾代表北京武术队、中国武术代表队于 1984 年、1985 年、2004 年、2006 年、2012 年参加了第一、二届世界传统武术比赛及全国传统拳武术赛，2016 年 9 月代表北京武术队参加第二届全国武术运动大会，荣获八卦刀第一名。

1982 年至 1992 年，所指导的首都体育学院武术队连续 10 年荣获北京市比赛前三名，全国体育学院武术赛、全国乙级队比赛、全国传统拳比赛的前三名。培养了大批武术教师和教练员。

随着武术走向世界的浪潮，自 1997 年至 2015 年，执教美国、意大利、日本、瑞士、新加坡、马来西亚、印度尼西亚、澳大利亚、西班牙、埃及、法国等多国武术队及武术馆校。

自 1999 年起执教于朝阳区青少年活动中心武术队，北京市武术协会青少年武术培训基地。2000 年至 2016 年，先后带队参加北京市武术赛、北京市教委组织的中小学生武术赛、全国传统武术比赛，2004 年至 2014 年的第一届至第六届世界传统武术锦标赛，2008 年 3 月香港国际武术邀请赛等均夺得一至三名的好成绩，培养了近万名学生。

1992 年至 2016 年先后出版发行个人武术教学专辑（长拳、形意、八卦、八极、杨氏太极拳系列教学专辑）百余张。2005 年至 2016 年，先后在北京《武魂》杂志刊物上发表数篇文章。编写了《中国武术长拳基础教程》（北京大学出版社出版）、《形意拳启蒙教程五段教学法》（中国铁道出版社出版）等著作。

前　言

太极拳是我国古老的民族体育运动，有着悠久历史和完整的传承体系，自创建到发展始终围绕着技击效率升华到劲性与修身心的生理作用。这个总体核心在研究实践，延伸传承普及，可谓是："传承清楚、体用兼备、理法式全"，也是武艺成就个性化由浅入深由表及里研究发展的必然结果。

如何获得健体养生明心见性的终极究竟之梯？我认为：完整教学体系、可实施的有效的教学方法、与其相适应的训练手段及教师自身高素质的技艺与德行，这四者缺一不可。当然，还要有相对应的学者自身的专项素质等综合素养，使教与学融为一体。

完整的教学体系、可实施的有效的教学方法和与其相适应的训练手段是本书研究的初衷。本书仅以本人的实践体验与传承就杨氏太极拳教学体系及教学内容顺序与教学步骤提出一些浅薄的见解，愿与读者同学相长。

王德明

北京 2016 年 10 月

目　录

第一章　太极内功练习

第一节　天地人和

1. 预备:并步站立,见图 1-1。

图 1-1

2. 左脚跨步同时膝关节微屈,两手置于大腿两侧,两手手心向上贴胸腹上托至胸前时,两手外翻内旋,手背相贴,掌心向外,经脸前,头上穿伸,两臂伸直。(见图 1-2～图 1-5)

图 1-2

图 1-3

图 1-4

图 1-5

3. 两掌掌心向下，自头上曲肘按至胸前时，两手握拳，拳背相贴，拳心向外，随曲膝下蹲，两拳下冲至裆前（气下引至丹田），竖项拔背，尾骨向前，涌泉穴提起。（见图 1-6～图 1-9）

图 1-6

图 1-7

图 1-8

图 1-9

4. 伸膝,两掌心向前向体侧分开,动作不停,两臂经体侧曲肘至肩上,随曲膝下蹲的同时,两掌心向前,曲肘推出,胸腹成阴,脊背成阳,气从玉环穴下引至关元穴。(见图 1-10～图 1-12)

图 1-10

图 1-11

图 1-12

5. 随伸膝,两手左右分开并下按至体侧,收功,并步站立(站桩长久因人而异,可动作重复)。(见图 1-13～图 1-16)

图 1-13

图 1-14

图 1-15

图 1-16

第二节　风摆荷叶

1. 预备:并步站立,见图 1-17。

2. 左腿跨步与肩同宽,右臂侧平举,手心向外,左手掌心向内扶于右肋部。(见图 1-18)

图 1-17

图 1-18

3. 腰部带动右臂左转 90 度,同时,左掌贴腹部左移至左肋后,手心翻转向外,手背贴腰部向右穿伸至右肋侧。(见图 1-19～图 1-21)

图 1-19

图 1-20

图 1-21

4. 腰部带动左臂右转,左臂侧平举,右手贴于左肋侧。(见图 1-22)腰部继续右转右手贴腹部移至右肋侧时手心翻转向外,手背贴腰部穿伸至左肋侧。(见图 1-23～图 1-25)

图 1-22

图 1-23

图 1-24

图 1-25

5. 动作还原成 2 的动作，见图 1-26。

6. 并步收功(因人而异，可重复多次)。(见图 1-27)

图 1-26

图 1-27

第三节 三盘落地

1. 预备:并步站立,见图 1-28。

图 1-28

2. 左脚跨步,身体左转两臂上举手心相对,动作继续,身体右转,两臂曲肘两掌内旋外翻,手心向上经胸前至腋窝下,手背贴肾腧穴穿到臀部。(见图 1-29～图 1-34)

图 1-29

图 1-30

图 1-31

图 1-32

图 1-33

图 1-34

3. 两腿曲膝下蹲至马步高度，同时两臂侧举至肩高，掌手心向外，气移下沉至丹田。（见图 1-35～图 1-38）

图 1-35

图 1-36

图 1-37

图 1-38

4. 动作重复，方向相反，技术要求相同。（见图 1-39～图 1-48）

图 1-39

图 1-40

图 1-41

图 1-42

图 1-43

图 1-44

图 1-45

图 1-46

图 1-47

图 1-48

第四节　顺水推舟

1. 预备：两腿直立，左脚跨步与肩宽同时膝关节微屈，两臂垂于大腿两侧。（见图 1-49）

图 1-49

2. 两腿曲膝徐徐下蹲接近水平，同时两掌手心向上屈臂上抬至胸腹前，停留片刻而后两掌内旋手心翻转向下，身体继续下沉曲膝全蹲。（见图 1-50～图 1-54）

图 1-50

图 1-51

图 1-52

图 1-53

图 1-54

3. 动作继续，两臂后摆掌心向后，膝关节逐渐伸直，上体随伸膝动作腰部、脊柱逐渐上顶、低头成体前屈状态，动作不停逐渐过渡到直立。(见图 1-55～图 1-63)

图 1-55

图 1-56

图 1-57

图 1-58

图 1-59

图 1-60

图 1-61

图 1-62

图 1-63

第五节　一沏万融

1. 预备:并步站立,见图 1-64。

图 1-64

2. 左脚向左横跨一步,两臂曲肘右手心向上左手心向下摆置体前,右腿阳左腿阴虚实转换蹬右脚屈左腿,两臂自右向左横捋身体松沉。(见图 1-65～图 1-68)

图 1-65

图 1-66

图 1-67

图 1-68

3. 动作继续，经松沉蓄力蹬左脚向右转动至极松沉从而继续。（见图 1-69～图 1-77）

图 1-69

图 1-70

图 1-71

图 1-72

图 1-73

图 1-74

图 1-75

图 1-76

图 1-77

第六节 和风佛面

1. 预备:并步站立,见图 1-78。

2. 左脚跟提起,左臂曲肘于胸前,右臂曲肘于小腹前,两掌心相对。(见图 1-79)

图 1-78

图 1-79

3. 右手曲肘掌心向内经左小臂内侧、脸前上穿至头上,掌心向上,左掌下按至小腹前外旋内翻,掌心翻转向上,左膝伸直,脚跟落地,右膝关节曲膝,脚跟提起。(见图 1-80～图 1-81)

4. 动作继续,重复 3 的动作,动作相反,动作要领相同。(见图 1-82～图 1-87)

图 1-80

图 1-81

图 1-82

图 1-83

图 1-84

图 1-85

图 1-86

图 1-87

5. 收功：一手下按，两手置于体侧，并步直立。（见图 1-88～图 1-89）

图 1-88

图 1-89

第七节 移步换影

1. 预备：两腿左右分开站立，见图 1-90。

图 1-90

2. 两臂前举，曲肘，两掌置于耳旁，大臂带小臂向前旋转推出，同时，曲膝下蹲，气下引，沉于丹田。（见图 1-91～图 1-94）

图 1-91

图 1-92

图 1-93

图 1-94

3. 身体微下沉，两掌外旋内翻，掌心向内，竖颈，百会穴上顶，涌泉穴上提。（见图 1-95）

图 1-95

4. 两臂下移置于小腹前，掌心向上，同时，两膝微伸，胸腹成阴，脊柱成阳，气下沉至关元穴，竖颈，虚灵顶进，手心向上，上移至胸前，动作继续手心内旋外翻，掌心向下沉肩坠肘同时，曲膝同步两手下按至大腿根部。（伸膝气从玉环穴下引，曲膝气下沉至关元）两手分开至两胯旁。（见图 1-96～图 1-100）

图 1-96

图 1-97

图 1-98

图 1-99

图 1-100

5. 动作重复次数因人而定。(见图 1-101～图 1-110)

图 1-101

图 1-102

图 1-103

图 1-104

图 1-105

图 1-106

图 1-107

图 1-108

图 1-109

图 1-110

第八节　万法归宗

1. 预备:两腿左右分开站立,见图 1-111。

图 1-111

2. 身体右转右脚上一步虚实清晰两臂掤起，动作继续松沉蓄力圆裆蹬地两掌下按身体处于六合状态。（见图 1-112～图 1-116）

图 1-112

图 1-113

图 1-114

图 1-115

图 1-116

3. 阴阳转换前腿虚收回成预备站立。(见图 1-117～图 1-119)

图 1-117

图 1-118

图 1-119

4. 身体左转左脚上步，动作继续与 2～3 技术要求相同。（见图 1-120～图 1-127）

图 1-120

图 1-121

图 1-122

图 1-123

图 1-124

图 1-125

图 1-126

图 1-127

第九节　动静内功练习与身心健康

“松则通络，沉则蓄力”，“心神宁静，气血畅通”是阴阳转换，刚柔相间，动与静技术理论支撑的有力保证，是练好功夫，身心得到锻炼的指导性纲领。

武术界与健身人群一直将“内功”视为优秀的传统民族文化，是武术的根基，是中医学指导性的健身有效方法。佛道两家称它为“静功”，拳家称为“内功”。佛家、道家把静禅的核心分为两个主要部分：一是心灵的禅，二是身心健康的禅。武术的内功是包括三部分：一是身心健康，二是身体力量的集中传导，三是心灵修养。

1. 身心健康

首先要弄清“静”和“动”的规律。师伯胡耀贞先生从体验实践中真正悟出了武术内功的“静”和“动”的真谛，对静、动的规律从武术技能与养生方面提出独到见解。胡耀贞师伯认为无论是形意拳、八卦掌、太极拳都应遵循一个规律。即：“有阴阳动静和刚柔虚实，动而生阳，静而生阴，动之始则阳生，动之极则阴生，静之始则柔生，静之极则刚生，动而生阴阳，静而生刚柔，虚实即阴阳，动静则刚柔，刚柔相摩而生变化，阴阳相合，八卦成象，阴阳相合，而易在其中，合乎太极之理，无处不合乎阴阳，无处不合乎法象”。“静与动”是相互对立统一的整体。中医理论，阴阳学说：既不能单一的静也不能单一的动，而是生命不止无处不阴阳，静与动始终与世间万物的生命存在有着不可剪断的联系。《易筋经》中有所阐述：“其所言易筋者，易之为言大矣哉。易者，乃阴阳之道也。易即变化之易也。易之变化，虽存乎阴阳，而阴阳之变化，实存乎人。弄壶中之日月，搏掌上之阴阳。故二竖系之在人，无不可易。所以为虚、为实者易之，为刚、为柔者易之，为静、为动者易之”。“高下者易其升降，后先者易其缓急，顺逆者易其往来，危者易之安，乱者易之治，祸者易之福，亡者易之存，气数者可以易之挽回，天地者可以易之反覆，何莫非易之功也”。静止禅修是将心静下来的艺术，使人更平和、专注、真诚。以静养生禅心修道，是我们生存的人一直追求的享受。人们在内功或者健身桩功练习中常说起“心神宁静”，“静桩不动”，实际上是人们对外在形体表现的一种畅言。依据生理学、解剖学、运动心理学、生物力学、中医学、易经阴阳学说等相关理论在实践体验中分析看：(1)人体相对静止状态时只是心神宁静，抛弃心中一切杂念，实现自我或外在形体暂时静止无我状态，使神经系统兴奋性处于相对降低的稳定时期(包括转移)，身心得到放松的“静”态区域。(2)静禅姿态不一，从解剖学角度分析，人体在达到静禅修道时身体骨骼就要发生相应的变化，依据练功特有的人体经络血脉的畅通的要求而发生改变，为达到奇经八脉以致气血的无阻不滞，人体末端微循环的畅通，人体解剖结构发生变化，首先人体的脊椎应保持在一条垂直线上，意在拔直。而人体的带脉是连接上下肢的桥梁，修炼时，人体的尾骨尖端随需要应保持向前的状态，练习中腰椎最不容易配合，我们要及时调节，与胸椎呈直线。这里还要提到颈椎与头部，颈椎要竖直不可僵硬，头顶百会穴，下颚微收，枕骨向后，保持任脉督脉中间不受阻，随呼吸，阴阳始终平衡。(3)生命存在时，我们的五脏六腑、微循环系统、呼吸系统、气血的流动、奇经八脉的畅通都是在动态之中。禅心修道，健身站桩，清心禅静是条件，身体姿态的科学合理性是保证，正确运用呼吸调理身心使奇经八脉畅通是结果。因此“静与动”之间的相互配合，易经阴阳学说及中医理论的合理运用是静禅健身的保证。最终以相对的“静”和内在的“动”，“培其元气，守其中气，保其正气，护其肾气，养其肝气，调其肺气，理其脾气，升其清气，降其浊气，闭其邪恶不正之气。勿伤于气，勿逆于气，勿忧思悲怒以损其气。使气清而平，平而和，和而畅达，能行于筋，串于膜，以至通身灵动，无处不行，无处不到”。长期练习，真气能充当清道夫，将体内组织中杂废物清除排出，如宿便、肺部痰或不洁黏液，到此境地才是真正修大乘的基础，也才能真正体会大乘经典的境界，以实修其心得到解脱境界为止，至此人会觉得勇敢、虔敬、专注、观想，甚深禅定以致改变大脑区域的调节功能，常禅修者左脑前额叶皮层较发达，更有光明、活力、放松、快乐之享受，这就是禅静保健的效果。

2. 身体力量的集中传导

古人云：“人身之中，精神气血不能自主，悉听于意，意行则行，意止则止。守中之时，意随掌下，是为合式。若或弛意于各肢，其所凝积精气与神，随即走散于各肢，即成外壮，而非内壮矣。揉而不积，又虚其揉矣，有何益哉”。

“内与外对，壮与衰对，壮与衰较，壮可久也。内与外较，外勿略也。内壮言坚，外壮言勇。坚而能勇是真勇也。勇而能坚是真坚也。坚坚勇勇，勇勇坚坚，乃成万劫不化之身，方是金刚之体矣”。

“有形之身，必得无形之气”。人身之中，精神气血不能自主，悉听于意，意行则行，意止则止。若或弛意于各肢，其所凝积精气与神，随即走散于各肢，即成外壮，而非内壮矣。揉而不积，又虚其揉矣，有何益哉。所以积气。气既积矣，精神血脉悉皆附之守之不驰，揉之且久，气惟中蕴而不旁溢。气积而力自积，气充而力自周。此气即孟子所谓至大至刚，塞乎天地之间者，是吾浩然之气也，再加上打坐时间加长，座次一再增加，当因缘成熟时，此人的丹田拙火升起，内磁能(真气)能贯通任督两脉，两脉再连结正经十二脉及其他经脉，最后全身经脉完全贯通，色身突破后心意识能与虚空一体，此人当能体会“色空”不异的现象，其心意识即能超过一般人所不能。此时此人若能排除一切因缘感召，即能得真正心灵的自在、解脱、寂静的境界。在色身方面，长修炼者应有的真气感知现象会有如：拙火升起的火炉（丹田）范围涵盖整个小腹使其真气（内磁能）能自行运转，不必以意带动不必再打坐，祇要稍微闭气（宝瓶气功法），真气即能又运转不息，任督两脉磁能流量依次循环并通过某不通的穴道会发生震动。体会真气不仅依经脉循行，还走经筋（肌肉）、经别（内脏）、络脉，总之，全身各处真气无所不能到者，体用兼备内实外壮。

3. 心灵修养

“上善若水，水利万物而不争”。做人如水，坚冰如石，驱高避下，大慈大悲柔心似水，修己度人是心灵禅修的基础条件。在这世上，总会有人让你悲伤、让你嫉妒、让你咬牙切齿。并不是他们有多坏，而是因为你很在乎。所以想心安，首先就要不在乎。你对事不在乎，它就伤害不到你；你对人不在乎，他就不会令你生气。在乎了，你就已经输了。什么都不在乎的人，才是无敌的。这是因为，清醒的人看得太真切，一较真，生活中便烦恼遍地；而糊涂的人，计较得少，虽然活得简单粗糙，却因此觅得了人生的大滋味。大气之人，语气不惊不惧，性格不骄不躁，气势不张不扬，举止不猥不琐，静得优雅，动得从容，行得洒脱。大气之人，能安安心心做好本分的角色，认认真真干好手头的事情，不为名利而争斗，不为钱财而纠结。大气之人能让自己的世界海阔天空，即便一时失意，终得大器晚成。

当灵觉心现起时，心能感知一切因缘，当我们体知自性空体能应万种缘后，在遇缘时还会有杂念想法（喜怒、哀乐、七情、六欲）时，仍然不能虚妄，以空体来得定，《金刚经》中云：“凡所有相，皆是虚妄；若见诸相非相，即见如来。”我们的空体本是能映照一切因缘，但映照后不会去黏它。当空体应缘时，不管好坏、善恶是谓所有相，故当能看成虚妄，不能当真。能做到这样，是圣人的境界，终能禅修得定，使心灵真正得到清心安详。

第二章　太极石球功法练习

石球功法练习是继内功练习之后，根据技能的需要进行的一种专项身体能力的练习。通过各种功法内容的过程练习体验，使身体在力量、速度、耐力、灵敏等专项技能素质方面均获得相应的提高，同时，了解并懂得了一些专项技能知识，为学习专项技术，掌握系统化知识搭建了平台。

例如：长期进行"梅花桩"的练习。经桩上面的走动体验首先逐渐克服不稳定的恐惧心理，提高了平衡能力并增强了腿部力量，获得了相应专业知识与能力。"大石球"练习过程中，长时期的操球技能体验，可了解力学知识，过程中逐步掌握专业技术动作的合理用力、合理运用和相应的力量提高及整体的协调能力，最主要的是：在不同情况下调节人体的合理姿态使人体气血畅通，阴柔、阳刚辩证统一的合理应用，以便促使人体奇经八脉通畅，增长内力，将内功与功法有力的结合使技术得到更好发挥。结合传统的练习方法，挖掘利用更多的功法练习内容，可让武术传承更加清晰、系统化，更正现存的教学单一现状，如：启蒙教学阶段，基本功教学就是压腿踢腿，接下来基本动作、基本套路而后竞赛套路等，缺乏内功与所学专项的相应功法内容教学。中国武术的每种流派都是一套完整的体系，包括了古典哲学、美学、体育基础理论、中医学、人体力学等，祖先系统化阐述了武术的科学性和体用兼备的核心价值，是货真价实的科学的宝贵文化遗产，绝不是单一的初级拳与竞赛套路就代表中国武术各拳种完整体系。为让我们的民族文化——武术项目发扬光大，我们武术教育工作者要勤奋地，分秒必争地挖掘整理、推广，学习兴趣就是来源于好的内容、好的明师、好的传承。

1. 平捋练习,见图 2-1～图 2-6。

图 2-1

图 2-2

图 2-3

图 2-4

图 2-5

图 2-6

2. 捋掤练习，见图 2-7～图 2-11。

图 2-7

图 2-8

图 2-9

图 2-10

图 2-11

3. 採挒练习,见图 2-12～图 2-15。

图 2-12

图 2-13

图 2-14

图 2-15

4. 右单手按推练习,见图 2-16～图 2-18。

图 2-16

图 2-17

图 2-18

5. 左单手按推练习,见图 2-19～图 2-20。

图 2-19

图 2-20

6. 双手按推练习,见图 2-21～图 2-22。

图 2-21

图 2-22

7. 捋挤练习,见图 2-23～图 2-27。

图 2-23

图 2-24

图 2-25

图 2-26

图 2-27

8. 捋靠练习，见图 2-28～图 2-32。

图 2-28

图 2-29

图 2-30

图 2-31

图 2-32

9. 双捋棚按练习,见图 2-33～图 2-37。

图 2-33

图 2-34

图 2-35

图 2-36

图 2-37

10. 钩带按练习，见图 2-38～图 2-40。

图 2-38

图 2-39

图 2-40

11. 采穿练习，见图 2-41～图 2-45。

图 2-41

图 2-42

图 2-43

图 2-44

图 2-45

12. 右採化肩靠练习,见图 2-46～图 2-57。

图 2-46

图 2-47

图 2-48

图 2-49

图 2-50

图 2-51

图 2-52

图 2-53

图 2-54

图 2-55

图 2-56

图 2-57

第三章　杨氏太极拳入门 13 式

全套动作名称：

(1)起势；

(2)揽雀尾；

(3)单鞭；

(4)野马分鬃；

(5)搂膝拗步；

(6)搬拦捶；

(7)倒卷肱；

(8)斜飞式；

(9)提手上势；

(10)白鹤亮翅；

(11)海底针；

(12)闪通臂；

(13)十字手收势。

1. 预备，见图 3-1。

两脚自然分开与肩同宽，气定神聚，身体中正。

2. 起势，见图 3-2～图 3-4。

膝关节微屈同时两臂上掤掌心向下与胸同高；动作继续，大背带臂掌心向下；以意领气、气下引的同时头顶悬两掌下按至胯高；虚实转换左实右虚身体微右转。

图 3-1

图 3-2

图 3-3

图 3-4

3. 揽雀尾(掤捋挤按),见图 3-5～图 3-15。

图 3-5

图 3-6

图 3-7

图 3-8

图 3-9

图 3-10

图 3-11

图 3-12

图 3-13

图 3-14

图 3-15

(1)右掤

上体微右转,左脚贴地内扣右转成左实右虚;右腿曲膝提起脚尖点地于支撑脚内侧,动作继续右脚上步脚跟着地,左臂曲肘大背带动大臂手心向下随腰转动弧形运转于胸前位置并有向左掤起之意,右臂外旋内翻掌心斜向上螺旋式下穿至左肘下形成左抱球,身体松沉右脚全脚掌着地;动作继续后脚蹬地成右弓步,右臂自下而上弧形掤起至胸高、左掌随着蹬地右臂的掤起向前按推置于右小臂下方。

(2)捋

圆裆松沉,身体微右转,随右臂曲肘斜外掤靠同时;左掌外旋内翻掌心斜向上,右臂曲肘内旋外翻掌心斜向内并随身体的右转外掤,虚实转换;前脚蹬地后撑,身体微微左转;刚极必柔后腿实并使膝对脚圆裆;肩对胯;随蹬地动作两臂由前向左斜后下弧形捋手;右掌在前左掌在后。

(3)挤

松沉转腰左臂内旋手心向下;右臂曲肘沉肩臂外旋掌心斜向上运行于腹前,左掌小指外沿按于右手腕内关处;后脚蹬地前腿弓步两臂从后向前弧形前挤。(建议:后脚蹬地扩裆脊背后掤;前胸松空竖颈头顶百会穴与会阴穴保持中正)。

(4)按

身体松沉,前脚蹬撑脊柱后掤,虚实转换,右手内旋外翻掌心向下;此时两掌心向下大臂带小臂弧形向外左右分开;动作继续两掌向回勾带至腹前时后脚蹬地前腿弓步身体中正两掌弧形前按。(前按时既有外弧形又有上弧形)

4. 单鞭,见图 3-16～图 3-23。

图3-16

图3-17

图3-18

图3-19

图 3-20

图 3-21

图 3-22

图 3-23

接上动作，身体松沉重心转换渐渐移于左腿(身体左转左实右虚)，同时，右脚贴地，以脚跟为轴随转体右脚尖里扣45度踏实，随身体左转两肘微沉臂稍屈，两掌心微斜下随转体向左弧形抹掌，两掌高不过眼(两掌外掤意在顾手)；动作继续，侧蹬左脚重心随即移于右腿；身体右转；两臂曲肘两掌心向下自右向左平採至于左胸前，随转体向里经左胸前向右弧形外掤(半个平面椭圆形)，两掌高与肩平；动作不停，重心全部移于右腿气下引身体松沉，左脚向里提起脚尖点地；身体右转至45度角时右肩关节下沉腕关节屈并向斜前顶出，随前顶五指尖撮拢成勾手；左掌心斜向内置于腕部下方；动作继续，身体微左转；左脚向左迈出，先以脚跟着地，随着重心渐渐左移而至全脚踏实，左掌心向里向左弧形上移经面前左掤并逐渐内旋翻转手心向外向前，随身体的转动变化蹬右腿弓左腿左掌向前劈击，后勾手肩部松抻形成："前(左)手拂面挥去，后(右)钩手向右后钩挂，形成对拉单鞭之势，足具张力，使左手拴法发劲有力"。所谓："双手推出拉单鞭"、"回身拉成单鞭势"、"扭颈回头拉单鞭"，"意气须换得灵，乃有圆活之趣。"

5. 野马分鬃，见图3-24～图3-27。

图3-24

图3-25

图 3-26

图 3-27

接上动作，身体松沉；身体微左转左腿曲膝脚掌扇形向左外展 45 度；右腿曲膝提起右脚上步脚尖点地于左脚内侧；虚实转换身体松沉左脚踏实；动作过程中随身体的左转右臂曲肘掌心向上大臂外掤运行于胸腹前；左臂内旋手心翻转向下掤臂弧形与右臂成抱球态势；此刻：右腿曲膝提起向前上步脚跟先着地右肩对前；身体松沉右脚全脚掌铺平；动作继续，左脚蹬地右腿曲膝成弓步连接上体右转；右臂曲肘掌心斜向上弧形前掤靠；左臂掌心向下弧形左斜下方採挒至右胯旁成右野马分鬃。

6. 搂膝拗步，见图 3-28～图 3-32

接上动作，身体松沉微右转右脚坐实发力扇形右转 45 度；同时左脚提起上步脚尖点地于右脚内侧；过程中带动躯干微微右转，左臂外旋掌心翻转斜向内；右掌与左掌心斜相对并有斜捋之意，动作继续，右脚发力膝关节对着右脚尖身体微微右转右臂外旋掌心斜向内肘关节领先途经腹前 45 度角向斜后掤；左掌内旋掌心斜向内两掌有採挒之意；右臂曲肘弧形运转到右肩斜上方掌心斜向前；左掌心向下按于右胸前，此时腰左转的引领下轻灵提起左脚向前上步脚跟先着地动作继续身体松沉左脚全脚掌铺地，同时，动作不停气沉右脚蹬地扩裆腰部左转左掌搂膝右掌随蹬地向前推击形成搂膝拗步。

图 3-28

图 3-29

图 3-30

图 3-31

图 3-32

7. 搬拦捶，见图 3-33～图 3-38。

图 3-33

图 3-34

图 3-35

图 3-36

图 3-37

图 3-38

接上动作：身体松沉左脚尖扇形外撇45度，身体逐渐左转，随转体，右脚上步于左脚内侧脚尖点地；同时，右臂曲肘内旋右掌变拳手心向内弧形向左移至左腹前；左臂曲肘左掌心斜向内按于右臂肘关节内侧；动作继续，身体右转；随即意领气继续松沉以气催力身体缓慢右转右脚离地上步脚跟着地，身体逐渐松沉右脚掌外展落平重心移至右腿；右拳翻转拳心向上途经面部反砸于胸腹前；左掌心向下随右拳运动经右小臂内关处向前横击，动作继续，左脚上步脚跟着地左掌继续前移(左掌心向内前拦)；右拳眼向上收于右肋处，身体松沉左脚掌落平；动作不停：右脚蹬地左腿曲膝成弓步右拳坠肘立拳冲出左掌按于右手腕内侧。

8. 倒卷肱，见图3-39～图3-52。

图3-39

图3-40

图 3-41

图 3-42

图 3-43

图 3-44

图 3-45

图 3-46

图 3-47

图 3-48

图 3-49

图 3-50

图 3-51

图 3-52

(1)右卷肱

身体松沉左脚发力前撑,右膝关节找脚尖,躯干微右转,右拳变掌大背带臂肘关节向45度角斜顶同时,掌心斜向上小臂掤出高于肩平。动作继续,左腿曲膝微微提起在身体松沉中正的前提下左脚沿着右腿内侧向身体偏斜后方向插伸;脚尖内侧先着地,与此同时:右臂曲肘于肩上掌心向内,动作过程中;身体虚实转换松沉同时,左脚踏实、右腿曲膝右脚掌扇形内转向前;此时躯干前虚后掤竖项虚灵;左掌心向上大背带臂肘领先手臂下弧形经左腹前向左斜后顶肘;右掌螺旋经左臂上方向前击出。

(2)左卷肱

动作相同于右倒卷肱,技术原理要求一致。

(3)右卷肱

动作相同于右倒卷肱,技术原理要求一致。

建议:按上述动作是三次,后退三步。为了体验动作便于提高技术质量也可以做五次。此技能是以攻守同步进行边退边打,闪展腾挪。此势之奥妙在于虚实转换清晰、松沉灵活,手法清楚,腿法并进,力起于脚,而腿而腰而脊达于手。《体用全书》谓之"其要尤在松肩沉气也。"

9. 斜飞式,见图3-53~图3-57。

图3-53

图3-54

图 3-55

图 3-56

图 3-57

接上动作，气宜松沉随之重心渐渐全部移于左腿并坐实，右腿曲膝脚沿着左腿内侧向后撤步脚尖点地；动作继续，左脚发力向右转 230 度两臂抱球左手在上右手在下手心相对；右腿提起向右斜方上步脚跟先着地身体松沉左实右虚，动作继续，左脚蹬地发力右腿曲膝弓步；左掌心向下弧形左斜下捋至胯旁；右臂随着蹬地向右斜方穿靠。

10. 提手上势，见图 3-58～图 3-60。

图 3-58

图 3-59

图 3-60

接上动作，松沉虚实转换；左脚向右脚后面上步；同时，两臂曲肘两掌心向前经肩上下弧形向前击出右掌在前左掌心斜向下置于右肘关节内侧；与此同时右腿曲膝脚尖勾起脚跟蹬踩落于右斜前方。

11. 白鹤亮翅,见图 3-61～图 3-64。

图 3-61

图 3-62

图 3-63

图 3-64

接上动作，松沉扩裆身体微微左转；两手向左侧弧形斜下捋，动作继续，躯干在左脚发力支撑的基础上逐渐左转，同时，随身体的转动两掌不停；首先在胸前形成抱球左手在上，下肢的变化是：在手法变换同时；右脚内扣 45 度跟步提于左脚后方，右脚踩实膝关节对其脚尖“身体松沉，前虚后掤，竖项虚灵”，此时手法：右臂内旋手心翻转向下左掌按于手腕外关穴处；随着步法的调整手法的变换“身体松沉”左腿曲膝提起左脚尖虚点于左前方此时右臂掌心向前，向斜上方穿掤；同时左掌弧形向左斜下方捋採于左胯旁形成白鹤亮翅。

12. 海底针，见图 3-65～图 3-67。

接上动作，虚实转换松沉法变；重心渐渐下沉右腿坐实；动作继续，以意领气以气催力；身体微微右转的同时右臂曲肘右掌心斜向上弧形向下经腹前向右后掤臂顶肘；左臂曲肘左掌心斜向内与右掌形成阴阳相对成捋势；动作不停，右臂曲肘右掌心向内掌指斜向下继续上提于右肩前上方；左掌心向下弧形运动于右胸前；此时身体微微左转左脚提起向前移动一脚距离脚尖点地，与此同时；右臂曲肘掌指朝前掌心向内随身体的下沉向前下方穿插；同时左掌弧形捋採于左膝外侧。

图 3-65

图 3-66

图 3-67

13. 闪通臂，见图 3-68～图 3-70。

图 3-68

图 3-69

图 3-70

接上动作，前虚后掤虚灵顶劲气宜下移至丹田；左腿曲膝提起向前落步脚跟着地；同时，右臂上架于体前掌心向内；左掌心向外小臂与右小臂内侧交叉成十字手，动作不停，身体松沉左脚全铺落地此时右脚蹬地右掌上架于头上；左掌向前打出形成闪通臂。

14. 十字手收势，见图 3-71～图 3-75。

图 3-71

图 3-72

图 3-73

图 3-74

图 3-75

随松沉左脚尖里扣左脚蹬伸，同时身体右转；随转体，两肘弯曲两臂分开，动作继续随着重心左移，右脚提起向左脚靠拢两脚距离同肩宽，两掌分别自左右而下经腹前向上划弧掌心斜向内交叉架起并合抱于胸前；动作继续，两掌向前随伸随分开，两手距离同肩宽，同时两臂内旋使两掌心转朝下；随即两肘下沉，自然带动两掌徐徐向下按至胯前，手指朝前，掌心朝下动作结束。眼向前平视。

第四章　杨氏太极拳39式

全套动作名称：
(1)起势；
(2)揽雀尾；
(3)单鞭；
(4)云手；
(5)搂膝拗步；
(6)栽捶；
(7)搬拦捶；
(8)如封似闭；
(9)十字手；
(10)抱虎归山；
(11)肘底捶；
(12)倒卷肱；
(13)斜飞式；
(14)提手上式；
(15)白鹤亮翅；
(16)搂膝拗步；
(17)海底针；
(18)闪通臂；
(19)右分脚；
(20)左分脚；
(21)转身蹬脚；
(22)双峰贯耳；
(23)指裆捶；
(24)手挥琵琶；

(25)高探马；
(26)右击脚；
(27)右打虎式；
(28)右金鸡独立；
(29)左右野马分鬃；
(30)白蛇吐信；
(31)玉女穿梭；
(32)左打虎式；
(33)单鞭下势；
(34)上步七星；
(35)退步跨虎；
(36)转身摆莲；
(37)弯弓射虎；
(38)进步搬拦捶；
(39)合太极。

1. 预备，见图 4-1。

图 4-1

两脚与肩宽站立，要求两臂下垂手心向后，“身体静下来”，“心净下来”，“虚领顶劲”，“气沉丹田”，“尾闾中正”，“含胸拔背”，虚空而立。

2. 起势，见图 4-2～图 4-6。

图 4-2

图 4-3

图 4-4

图 4-5

图 4-6

身体的要求：微松膝，脊椎拉直同时竖颈，尾骨向前会阴穴与百会穴在垂直线上为身体中正铺垫道路。动作时：两手心斜向下成45度角，气下引至关元穴同时两臂掤起至胸高时向回勾带呈椭圆形向前按出。

3. 揽雀尾(掤捋挤按)

(1)左掤，见图4-7～图4-10。

图 4-7

图 4-8

图 4-9

图 4-10

虚实转换，身体微微左转而后身体右转，右脚跟为轴扇形旋转脚尖外展 45 度以里，同步右臂掌心向内掤起至胸高，重心下移右腿坐实；动作继续，左臂自左向右穿行至右臂下方形成所谓的“抱球”，左脚向正前方上步脚跟落地此刻形成左虚右实。动作继续，身体松沉左脚掌落地；后脚蹬地大腿向外扩裆“膝与脚和”“肩与胯合”，前腿曲膝形成弓步左臂曲肘向前掤起高不过胸，右臂向右斜下方弧形下採掌心向下虎口向右置于右胯旁。

(2)右掤，见图 4-11～图 4-14。

上体微左转，左脚贴地内扣右转成左实右虚，右脚上步脚跟着地，左臂曲肘大背带动大臂手心向下随腰转动向左掤起，右臂外旋内翻掌心斜向上螺旋式下穿至左肘下形成左抱球，身体松沉右脚全脚掌着地，动作继续，后脚蹬地成右弓步，右臂自下而上弧形掤起至胸高、左掌随着蹬地右臂的掤起向前按推置于右手腕下方。

图 4-11

图 4-12

图 4-13

图 4-14

(3)捋,见图 4-15～图 4-16。

图 4-15

图 4-16

圆裆松沉,身体微右转,随右臂曲肘斜外掤靠同时;左掌外旋内翻掌心斜向上,右臂曲肘内旋外翻掌心斜向内并随身体的右转外掤,虚实转换;前脚蹬地后撑,刚极必柔后腿实;膝对脚圆裆;肩对胯;随蹬地动作两臂由前向后下弧形斜后捋;右掌在前左掌在后。

(4)挤,见图 4-17～图 4-18。

图 4-17

图 4-18

松沉转腰左臂内旋手心向下；右臂沉肩臂外旋掌心斜向上，左掌小指外沿按于右手腕内关处从后向前弧形前挤同时；后脚蹬地扩裆脊背后挪；前胸松空竖颈头顶百会穴与会阴穴保持中正。

(5)按，见图4-19～图4-21。

图4-19

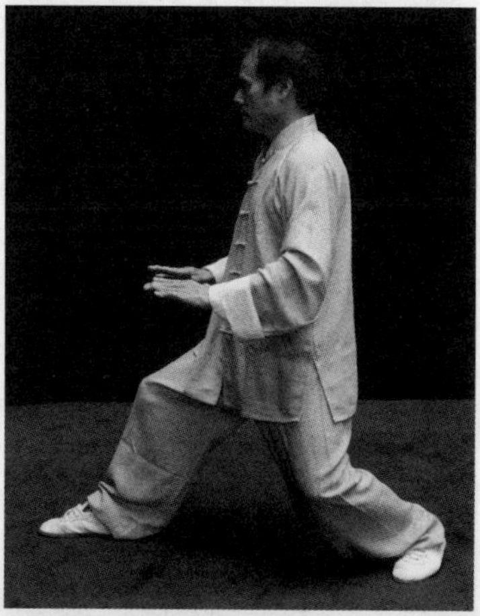

图4-20

图4-21

身体松沉，前脚蹬撑脊柱后掤，虚实转换，右手内旋外翻掌心向下；此时两掌心向下大臂带小臂弧形外左右分开；动作继续，两掌向回勾带至腹前时后脚蹬地前腿弓步身体中正两掌弧形前按。（前按时既有外弧形又有上弧形）

4. 单鞭，见图 4-22～图 4-27。

图 4-22

图 4-23

图 4-24

图 4-25

图 4-26

图 4-27

接上动作，身体松沉重心转换渐渐移于左腿（身体左转左实右虚），同时，右脚尖扇形内扣 45 度踏实；随身体左转两肘微沉臂稍屈，两掌心微斜下随转体向左弧形抹掌，两掌高不过眼；动作继续，侧蹬左脚重心随即移于右腿；身体随松沉微微右转；两臂曲肘两掌心向下自右向左平採至于左胸前，随转体向里经左胸前向右弧形外掤（半个平面椭圆形），两掌高与肩平；动作不停，重心全部移于右腿气下引身体松沉，左脚向里提起脚尖点地；身体右转至 45 度角时右肩关节下沉腕关节屈并向斜前顶出，随前顶五指尖撮拢成勾手；左掌心斜向内置于腕部下方；动作继续，身体微左转；左脚向左迈出，先以脚跟着地，随着重心渐渐左移而至全脚踏实，左掌心向里向左弧形上移经面前左掤并逐渐内旋翻转手心向外向前，随身体的转动变化蹬右腿弓左腿左掌向前劈击，后勾手肩部松抻形成："前（左）手拂面挥去，后（右）勾手向右后勾挂，形成对拉之势，足具张力，使左手拴法发劲有力"。所谓："双手推出拉单鞭"、"回身拉成单鞭势"、"扭颈回头拉单鞭"、"意气须换得灵，乃有圆活之趣。"

5. 云手，见图 4-28～图 4-41。

图 4-28

图 4-29

图 4-30

图 4-31

图 4-32

图 4-33

图 4-34

图 4-35

图 4-36

图 4-37

图 4-38

图 4-39

图 4-40

图 4-41

接前动作:虚实转换气下沉左脚侧蹬地脚尖里扣踏实,身体微右转,同时,右勾手变掌自右而下划弧;左掌心向外屈臂沉肘随转体向体前移动,动作继续:虚实转换侧蹬右脚重心渐渐全部移于左腿,身体微左转右脚向左提起落步两脚与肩宽,同时右掌随转体自右下经腹前向左弧形运转至身体左侧,掌心朝里;同时左掌心向前自左上弧形下摆运行到体侧,身体松沉动作继续,左脚侧蹬地重心移至右脚,右掌向内继续弧形上掤经脸部至头部右侧,左掌经腹前继续弧形挂摆至腹前,动作继续,身体微右转松沉蓄力腰带背至大臂到肘关节传至手内旋外翻手心向前,虚实转换右脚侧蹬地向左移至半步,先以脚尖内侧着地,随着重心渐渐右移而至全脚踏实;身体同时微右转。右掌随转体自右侧手心逐渐翻转向后弧形下摆至身体左侧,左掌也同时自右向左继续弧形上掤至左斜方45度。连续三次云手,动作要求相同只是方向不同。

6. 搂膝拗步

(1)左搂膝拗步,见图4-42～图4-46。

图 4-42

图 4-43

图 4-44

图 4-45

图 4-46

接一动作:右脚内扣 45 度角上步于左脚内则脚弓 20 厘米处,同时左脚在腰左转的引领下轻灵提起脚跟,同时,左臂螺旋、内旋外翻、手心斜向下(意领动作臂有外掤之意),右手心与左手心斜相对(右大臂曲肘扩张外掤),动作不停气沉脚蹬地扩裆腰部微右转带动两手斜后捋、右手至 45 度角以里手心斜向内、左掌运至右大臂内侧手心斜向下,左脚上步脚跟落地、右臂曲肘于右耳旁手心斜向前,左手心向下按于小腹前,身体松沉左脚掌落地右脚蹬地膝关节找脚三和要对;身体中正此时前腿曲膝不过脚尖,上肢在腰部转动引领下左掌斜弧形搂至左膝关节外侧右掌螺旋坠肘手心斜向前下弧线打出。

(2)右搂膝拗步,见图 4-47～图 4-50。

身体松沉脚发力带动身体左转,左脚尖扇形外转 45 度以内,右脚上步脚跟先落地,上肢动作技术要求与(6)相同、动作方向相反。

图 4-47

图 4-48

图 4-49

图 4-50

7. 栽捶，见图 4-51～图 4-54。

图 4-51

图 4-52

图 4-53

图 4-54

接上动作：身体松沉脚发力带动身体右转，右脚尖扇形外转 45 度以内，左脚上步脚跟先落地，动作不停，气沉右脚蹬地扩裆腰部微右转带动两手斜后捋、右手至 45 度角以里手心斜向内、左掌按于右胸前手心斜向下，左脚上步脚跟落地、右臂曲肘于右耳旁掌变拳手心斜向下，左手心向下按于小腹前，身体松沉左脚掌落地右脚蹬地膝关节找脚三和要对；身体中正；此时前腿曲膝弓步不过脚尖，上肢在腰部转动引领下左掌斜弧形搂至左膝关节外侧右拳螺旋坠肘拳面斜向下弧线打出至腹前斜下方。

8. 搬拦捶，见图 4-55～图 4-61。

接上动作：身体松沉左脚尖扇形外撇 45 度，身体逐渐左转，随转体，左掌外旋内翻掌心斜向上大臂外掤肘关节斜后顶；右拳心先向内随左手运动同时弧形向左移至左腹前(有挂手之意)，随即意领气继续松沉以气催力身体缓慢右转右脚离地上步脚跟着地，身体逐渐松沉右脚掌外展落平重心移至右腿；右拳翻转拳心向上反砸于胸腹前；左掌心向下随右拳运动经右小臂内关处向前横击，动作继续，左脚上步脚跟着地左掌继续前移(掌心向内左掌前拦)。右拳眼向上收于右肋处，身体松沉左脚掌落平；动作不停，右脚蹬地左腿曲膝成弓步右拳坠肘立拳冲出左掌按于右手腕内侧。

图 4-55

图 4-56

图 4-57

图 4-58

图 4-59

图 4-60

图 4-61

9. 如封似闭,见图 4-62～图 4-65。

图 4-62

图 4-63

图 4-64

图 4-65

接前动作:前脚蹬地脊柱后掤;竖颈头顶悬,松沉右腿弯曲,重心渐渐向后移到右腿同时,左掌心向上经右肘下沿右臂外侧向前穿伸(接手之意),随重心转换穿伸至胸前时右拳变掌手心向上两臂交叉右臂在里,动作不停随之松沉两掌左右分开臂外旋使掌心翻转斜向里 45 度;两掌高不过胸。重心继续后移,坐实右腿;同时,两掌在身体重心转换中向回勾带随动作的继续两臂螺旋回抽至腹前;同时内旋掌心翻转向下又按于腹前。后腿蹬地重心渐渐前移成左弓步;脊背后掤;胸虚空,两肘下垂两掌向前按出,指尖高不过肩;眼到手到。

10. 十字手,见图 4-66～图 4-69。

随松沉左脚尖贴地扇形里扣而后左脚蹬伸,同时身体右转;随转体;两肘弯曲两臂分开掌心朝体前,动作继续,随着重心左移,右脚提起向左脚靠拢两脚距离同肩宽,两掌分别自左右而下经腹前向上划弧掌心斜向内交叉架起并合抱于胸前。

图 4-66

图 4-67

图 4-68

图 4-69

11. 抱虎归山，见图4-70～图4-82。

图4-70

图4-71

图4-72

图4-73

图 4-74

图 4-75

图 4-76

图 4-77

图 4-78

图 4-79

图 4-80

图 4-81

图 4-82

(1)右搂膝拗步

接上动作:左脚尖里扣踏实身体随松沉同时两腿渐渐曲膝下蹲,身体微微右转;右臂向右掤起左掌心向上随右臂外掤置于右小臂上方,身体轻灵旋转;随着重心移于左腿,右脚渐渐提起(脚跟先离地);左掌自胸前外展左移;肘关节屈曲掌心斜向上向左侧 45 度角掤起高与肩平,右掌随左臂的运动同时:右肘下沉自然带动右掌下移,随移随着臂内旋使掌心翻转向下按于左肘关节内侧,动作继续右脚向右前斜方上步,脚跟先着地,随身体松沉全脚渐渐踏实;同时,左臂曲肘置于左肩上,右掌心向下随着左掌的变化向腹前防守下移;身体继续松沉;随转体蹬左腿弓右腿成右弓步;右掌继续向下经膝前搂至右膝关节外侧,左掌经左耳旁随转体向前推出;眼向前平视形成搂膝拗步。

(2)捋式

圆裆松沉,身体微右转轻灵松沉,随右转同时左臂曲肘左掌外旋内翻掌心斜向上，右臂曲肘掌内旋外翻掌心斜向内并随身体的右转曲肘运行于肩上，虚实转换；前脚蹬地后撑，刚极必柔后腿实；膝对脚圆裆肩对胯随蹬地动作右掌横掌斜向打出；左掌同时回抽于右臂内侧；动作继续，两臂由前向后下弧形斜后捋。

(3)挤

松沉转腰左臂内旋手心向下；右臂沉肩臂外旋掌心斜向上，左掌小指外沿按于右手腕内关处自后向前弧形前挤同时后脚蹬地扩裆脊背后掤；前胸松空竖颈头顶百会穴与会阴穴保持中正。

(4)按

身体松沉，前脚蹬撑脊柱后掤，虚实转换，右手内旋外翻掌心向下；此时两掌心向下大臂带小臂弧形向外、向腹前掤；两掌平行外分回抽至腹前时后脚蹬地身体中正两掌弧形前按。

12. 肘底捶，见图4-83～图4-90。

图4-83

图4-84

图 4-85

图 4-86

图 4-87

图 4-88

图 4-89

图 4-90

接上一动作：右脚内扣蹬地身体左转两掌心向前随转体向左弧形摆动；重心全部移于左腿时身体松沉继续蹬左脚，重心移至右腿随之松沉同时：左臂肘关节屈呈弧形，左掌与右掌成抱球动作，动作继续；身体微左转，左脚提起向左前方弧形上步，随转体右脚蹬地，左掌心斜向上、向左弧形外掤有斜靠的意识；左脚踏实，随移随着臂外旋使掌心翻转向前向下、下弧形採挒至腰间掌心向内；随着左掌的运动，虚实的转换右脚跟步于左脚后方脚尖点地，右掌也紧跟着向左弧形平移，随移随着臂外旋使掌心翻转向上随之左掌的变化肘下垂内旋掌心翻转向下按扣握拳；身体虚实转换重心落于右脚继而松沉左脚跟提起，动作继续，左脚尖勾起向前钉腿落地脚跟落地前脚掌微微下踩，此时左臂曲肘掌心向内掌指斜向上经左拳上方穿靠顶，前虚后掤，松沉，虚灵。

13. 倒卷肱，见图 4-91～图 4-103。

图 4-91

图 4-92

图 4-93

图 4-94

图 4-95

图 4-96

图 4-97

图 4-98

图 4-99

图 4-100

图 4-101

图 4-102

图 4-103

(1)右倒卷肱

身体松沉右脚发力,右膝关节找脚尖,躯干微右转,右拳变掌大背带臂肘关节向 45 度角斜顶同时,掌心斜向上小臂掤出高于肩平;动作继续:左腿曲膝微微提起在身体松沉中正的前提下左脚沿着右腿内侧向身体偏斜后方向插伸脚尖内侧先着地,与此同时:右臂曲肘于肩上掌心向内,动作过程中;身体虚实转换松沉同时,右脚蹬地后撑左脚踏实、右腿曲膝右脚掌扇形内转向前;此时躯干前虚后掤竖颈虚灵;左掌心向上大背带臂肘领先,手臂下弧形经左腹前斜后顶肘;右掌螺旋经左臂上方向前击出(两臂交错左收右出)。

(2)左倒卷肱

动作相同于右倒卷肱,技术原理要求一致。

(3)右倒卷肱

动作相同于右倒卷肱,技术原理要求一致。

建议:按上述动作三次,后退三步。为了体验动作便于提高技术质量也可以做五次。此技能是以攻守同步进行边退边打,闪展腾挪。此势之奥妙在于虚实转换清晰,松沉灵活,手法清楚,腿法并进,力起于脚,而腿而腰而脊达于手。《体用全书》谓之“其要尤在松肩沉气也。”

14. 斜飞式，见图 4-104～图 4-108。

图 4-104

图 4-105

图 4-106

图 4-107

图 4-108

接上一动作：气宜松沉随之重心渐渐全部移于左腿并坐实，右腿曲膝脚沿着左腿内侧向后撤步脚尖点地，同时左脚发力脚掌贴地扇形向右转 230 度两臂抱球左手在上；右腿提起向右斜方上步脚跟先着地身体松沉；左实右虚，动作继续，左脚蹬地发力左掌心向下弧形左斜下捋至胯旁；右臂随着蹬地向右斜方穿靠。

15. 提手上势，见图 4-109～图 4-111。

图 4-109

图 4-110

图 4-111

接上一动作：松沉虚实转换；左脚向右脚后面上步；同时，两臂曲肘两掌心向前经肩上下弧形向前击出右掌在前左掌心斜向下置于右肘关节内侧；与此同时右腿曲膝脚尖勾起脚跟蹬踩落于右斜前方。

16. 白鹤亮翅，见图 4-112～图 4-117。

图 4-112

图 4-113

图 4-114

图 4-115

图 4-116

图 4-117

接上动作:躯干在左脚发力支撑坐实的基础上逐渐左转,松沉扩裆两手向左侧弧形斜下捋,动作继续,随身体的转动两掌不停;首先在胸前形成抱球左手在上,同时下肢的变化是:在手法变换时右脚内扣45度跟步提于左脚后方脚尖点地,右脚踩实膝关节对其脚尖"身体松沉,前虚后掤,竖颈虚灵",此时手法:右臂内旋手心翻转向下左掌按于手腕外关穴处;随着步法的调整手法的变换"身体松沉"左腿曲膝提起左脚尖虚点于左前方;此时右臂屈掌心向前;向斜上方穿掤同时;左掌弧形向左斜下方捋採于左胯旁形成白鹤亮翅。

17. 搂膝拗步,见图4-118~图4-123。

接上动作:右脚坐实发力带动躯干微微左转,左臂外旋掌心翻转斜向内;右掌与左掌心斜相对并有斜捋之意,动作继续,右脚发力膝关节对着右脚尖身体微微右转右臂外旋掌心斜向内肘关节领先45度角向后掤;左掌内旋掌心斜向内两掌有採挒之意;动作不停右臂曲肘弧形运转到肩上掌心斜向前;左掌心向下按于右胸前,此时在腰部左转的引领下轻灵提起左脚向前上步脚跟先着地;动作继续身体松沉左脚全脚掌铺地,同时,动作不停气沉右脚蹬地扩裆腰部左转左掌搂膝于左膝关节外侧右掌随蹬地向前推击形成搂膝拗步。

图4-118

图4-119

图 4-120

图 4-121

图 4-122

图 4-123

18. 海底针，见图 4-124～图 4-126。

图 4-124

图 4-125

图 4-126

接上动作：虚实转换松沉法变；重心渐渐全部移于左腿；右脚提起向前上步落于左脚后方脚尖点地，动作继续：以意领气身体松沉以气催力；重心渐渐全部移于右腿，左腿曲膝提起脚尖点地，与此同时，左臂曲肘左掌心向下按于右胸腹前；右臂曲肘掌指朝前掌心向内抽于右肩上；动作不停随着身体微微右转而后左转同时左掌弧形捋採于左膝外侧；随着身体重心的下移右掌斜下插。

19. 闪通臂，见图 4-127～图 4-129。

接上动作：前虚后掤虚灵顶劲气下引至丹田；左腿曲膝提起向前落步脚跟着地；同时，右臂上架于体前掌心向内；左掌心向外小臂与右小臂内侧交叉成十字手，动作不停：身体松沉左脚全铺落地此时右脚蹬地右掌上架于头上；左掌向前打出形成闪通臂动作。

图 4-127

图 4-128

图 4-129

20. 右分脚，见图 4-130～图 4-132。

图 4-130

图 4-131

图 4-132

(1)提膝十字手:随松沉左脚尖里扣左脚蹬伸重心右移身体右转;随转体,两肘弯曲两臂分开,动作继续随着重心左移,右脚曲膝提起两掌分别自左右而下经腹前向上划弧掌心斜向内交叉架起并合抱于胸前。

(2)分脚:接上动作:动作过程进行中,左腿发力立身中正;躯干前虚后掤竖项虚灵;气下沉,右腿伸膝脚面自然伸平脚尖发力向右前方踢出,同时;两掌心向外左右分劈。

21. 左分脚,见图 4-133～图 4-138。

(1)提膝十字手接上动作:动作进行中,右腿渐渐下落脚跟首先着地身体松沉全脚掌落实;左脚蹬伸随之右臂垂肘外旋内收掌心斜向上于体前,左掌心向下运行于右臂内侧;动作继续,身体微左转同时,左臂曲肘掌心向下经右小臂上方弧形自右向左抹掌,过程中右掌随腰部转动经左小臂下方、腹前内收,此刻,左掌抹至斜前方时臂外旋掌心逐渐翻转向内左掌在外两小臂交叉成十字手架于体前同时左腿曲膝独立收于小腹裆前。

(2)分脚:动作过程中,右脚涌泉穴提收身体直立中正;左腿伸膝发力向左侧踢出。

图 4-133

图 4-134

图 4-135

图 4-136

图 4-137

图 4-138

22. 转身蹬脚,见图 4-139～图 4-141。

图 4-139

图 4-140

图 4-141

接上动作:身体微微右转左腿曲膝脚内扣落于右脚侧方坐实随之右腿曲膝脚跟提起;同时,两掌弧形逐渐下摆至斜下方时掌心翻转向内动作不停两臂交叉于腹前右掌在外;此时动作仍在进行中,左膝伸直右腿曲膝独立两掌自下而上架于体前,动作继续,两掌向左右分开掌心向体前;右脚以脚跟为力点慢慢向右蹬出,脚尖朝上高与肩平。

(注)传说:杨澄甫大师练功时的分脚、蹬脚是提膝后迅速踢出,劲透脚尖或脚跟,出腿时速度之快带有风声,为了更好地悟出慢中求快立身中正疏松贯通的道理教育后人改为缓缓踢出,尤其是“转身蹬脚”是身体素质、协调能力的综合体现,但是内功是基础。

23. 双峰贯耳,见图 4-142～图 4-146。

图 4-142

图 4-143

图 4-144

图 4-145

图 4-146

接上动作:左支撑腿曲膝松沉右腿曲膝脚跟着地,动作过程中两臂曲肘两掌体前下按至腹前同时外旋掌心向上弧形收于腰间;动作继续,右前脚掌落地松沉蓄力蹬后脚向前弓腿同时,两掌变拳拳心斜向下随着蹬腿弓步形成同时两拳眼相对做双峰贯耳。

24. 指裆锤,见图 4-147～图 4-153。

图 4-147

图 4-148

图 4-149

图 4-150

图 4-151

图 4-152

图 4-153

接上动作:松沉蓄力;以意领气,以气催力,虚实转换;右脚蹬地重心偏左腿;身体微微左转左掌架起;右臂内旋拳心向内弧形抡摆经至腹前时右腿曲膝勾脚左腿上步脚跟着地;抡摆的右拳在整体动作过程中不停从腹前到胸部随转腰正面搬砸于体前,左掌心向下按于左胯旁,动作继续,重心转换身体松沉气下引;后腿蹬地前脚尖外展 45 度坐实与此同时右拳下砸至胸腹前肘关节领先回抽;左掌经右小臂上方前推至体前同时右拳收回腰间,动作继续,左腿曲膝左脚上步脚跟着地随松沉过渡到全脚掌,右腿蹬地左腿前弓左掌弧形搂至左膝关节旁;有拳心向内立拳斜下打至小腹前下方。

25. 手挥琵琶,见图 4-154～图 4-158。

接上动作:随重心转换松沉蓄力后腿曲膝上步于左脚后方脚尖点地;过程同时右拳随身体前移自下而上至胸前;动作继续,重心后移至右腿松沉蓄力躯干前虚后掤竖颈虚灵;前左腿曲膝脚跟提起脚尖点地,过程同时左掌心斜向内经右臂下方前穿;右拳变掌掌心斜向下运至左肘关节内侧;以气催力右脚发力腰部带动两臂微微右转使手法产生变化;两掌向斜后牵拉随即腰左转左腿曲膝脚跟有钉蹬之意着地前踩；两臂前送形成手挥琵琶。

图 4-154

图 4-155

图 4-156

图 4-157

图 4-158

26. 高探马,见图 4-159～图 4-162。

图 4-159

图 4-160

图 4-161

图 4-162

接上动作:随着身体松沉,重心的前移,左腿支撑右腿曲膝提起跟步于左脚后方虚实转换右脚坐实同时,左腿曲膝上一小步脚尖着地,整体动作过程中:左掌心向上右掌心向下;左掌回抽至小腹前;有臂曲肘右掌横击至胸腹前,

27. 右击脚,见图 4-163～图 4-170。

图 4-163

图 4-164

图 4-165

图 4-166

图 4-167

图 4-168

图 4-169

图 4-170

身体松沉躯干前虚后掤竖颈虚灵，动作继续，腰部微微右转左掌心向上右掌心向下；两掌顺时针弧形平抹掌右脚坐实发力支撑身体平衡；左腿曲膝脚尖勾起向左斜方上步脚跟先落地松沉蓄力右脚蹬地左腿前弓；动作过程中右掌心向下经左臂上方弧形右横击；左臂曲肘左掌心向上回抽经腹前向左则掤起；而后两小臂交叉架起于体前掌心向内，动作过程同时右腿曲膝独立；左腿蹬地腰部发力右腿伸膝前踢两掌心向外左右分开右掌心迎击右脚面。

28. 右打虎式，见图 4-171～图 4-174。

接上动作：左腿曲膝下沉右腿曲膝脚跟着地；两掌心向下自左向右随左腿蹬伸弧形横 捌，重心转换松沉蓄力蹬左腿弓右腿上肢微微右转右掌变拳架打于头上；左臂曲肘左掌变拳拳心向内横捌于右胸前。

图 4-171

图 4-172

图 4-173

图 4-174

29. 右金鸡独立,见图 4-175～图 4-176。

图 4-175

图 4-176

接上动作:身体松沉重心移于左腿并伸膝直立右腿曲膝独立;动作过程中左掌下採至左胯旁;右臂微微曲肘勾手成掌;指尖随动作运动轨迹变化逐渐向上掌心向内;自后贴身体右侧弧形向前穿靠于右胸前;形成金鸡独立;用于膝打和手、臂、肘的不同部位打法。

30. 左右野马分鬃,见图 4-177～图 4-183。

图 4-177

图 4-178

图 4-179

图 4-180

图 4-181

图 4-182

图 4-183

(1)左分鬃

接上动作:左腿曲膝下蹲;身微右转,右腿曲膝右脚尖外撇脚跟先着地;虚实转换身体松沉右脚踏实;动作过程中随身体的右转右臂曲肘掌心向下大臂外掤;左臂外旋手心翻转向上弧形向右运转(肩臂有掤靠之意)与右臂成抱球态势;此刻:左腿曲膝提起向前上步脚跟先着地左肩对前;身体松沉左脚全脚掌铺平;动作继续,右脚蹬地左腿曲膝成弓步连接上体左转;左臂曲肘掌心斜向上弧形前掤靠;右臂掌心向下弧形右斜下方採挒至右胯旁成左野马分鬃。

(2)右野马分鬃

右野马分鬃与左野马分鬃作技术相同而方向相反。

31. 白蛇吐信,见图 4-184～图 4-187。

接上动作:蹬前脚重心转换身体松沉;右腿坐实;整体动作变换过程中随身体虚实变化身体微微左转右臂曲肘右掌变拳拳心向内由体前向腹前弧形下挂;此时:右腿曲膝提起脚尖上翘脚跟着地;在此变化中下挂的右拳继续沿着腹部弧形上摆经胸部、面前;动作继续,身体松沉右脚掌全平落地蹬右脚弓左腿右拳心向内迎面砸锤左掌按于右小臂内侧，动作继续，左掌心向下沿着右小臂上部向前挪击；随着身体松沉右掌心向上向前平穿左掌后抽置于右肘关节下侧。

图 4-184

图 4-185

图 4-186

图 4-187

32. 玉女穿梭,见图4-188～图4-201。

图4-188

图4-189

图4-190

图4-191

图 4-192

图 4-193

图 4-194

图 4-195

图 4-196

图 4-197

图 4-198

图 4-199

图 4-200

图 4-201

(1)右穿梭

接上动作:意领神蓄:身体松沉蓄力微右转左臂曲肘掌心外旋翻转向上沿着右臂外侧斜上穿;动作过程同时左腿曲膝提起向左斜前方上步脚跟着地同步右掌心向上收于腰间;身体松沉左脚铺平蹬右脚弓左腿左臂曲肘内旋外翻掌心斜向外领架于头部左侧斜上方;右掌随着蹬地曲肘掌心斜向前击出。

(2)左斜方穿梭

接上动作:虚实转换;左脚尖里扣踏实身体右转(约 270 度);松沉蓄力重心移于左腿;同时,两掌合抱于胸前左掌在上掌心向下;右掌在下掌心向上;动作不停,右腿曲膝提起向右斜方上步脚跟先落地;动作过程中左掌心外旋翻转向上;右臂曲肘掌心向上随上步外开掤臂;左臂曲肘左掌心向上收于腰间;此时右脚随着松沉全脚掌铺平左脚蹬地弓右腿;左掌向前击出右掌架于头部右斜上方身体处于松沉中正状态。

(3)右玉女穿梭

接上动作：重心转换；蹬右腿左移两臂曲肘两掌心向前自右向左横捋随着腰部的自左而又向右的转动；重心移至右腿松沉坐实左腿提起向东北方向上步脚跟先着地；动作过程中随着身体的向右转动左掌心向上沿着右臂下方斜穿同时右掌收后腰间；动作继续，身体松沉全脚掌落地蹬右脚弓左腿左臂掌心向外领架于头部左斜上方；右臂曲肘右掌向前击出。

(4)左玉女穿梭

接上动作：重心转换身体右转重心移于左腿（右后转约 270 度）；左腿曲膝坐实右腿曲膝提起向右斜方上步脚跟先着地；动作过程中两掌胸前抱球；左掌在上右掌在下随身体右转上步左臂外旋掌心翻转向上右掌沿着左肘关节下方斜上穿出，同时，左掌收于左腰间；动作继续，身体松沉右脚掌铺平蹬左脚弓右膝；右掌架于头部右斜上方左臂曲肘掌心斜向前推击。

33. 左打虎式，见图 4-202～图 4-205。

图 4-202

图 4-203

图 4-204

图 4-205

接上一动作：身体松沉右腿坐实脚内扣；左腿曲膝向左斜后方上步脚跟落地；动作过程中两臂弯曲坠肘两掌心向下自右向左弧形横挒；左脚掌落平松沉蹬右脚侧弓左腿；左臂内旋左掌变拳拳心向外架于头左侧上方；右臂曲肘拳心斜向内盘于左胸前眼视右斜方。

34. 单鞭下势，见图 4-206～图 4-209。

图 4-206

图 4-207

图 4-208

图 4-209

接上动作:身体松沉重心转换;左脚内扣左腿蹬地右腿侧弓步;动作过程中右拳成勾手自左胸前向下经腹前向右肩斜上方45度角摆动勾尖向下;左拳变掌自头上向下按掌置于右手腕下方;动作继续,右腿曲膝全蹲左腿成仆步;重心转换蹬右腿弓左腿;在形成左弓步过程中左掌心向内贴左腿内侧随着蹬地经左脚面上方前穿右臂内旋勾尖反拧向上置于体后。

35. 上步七星,见图4-210~图4-211。

接上动作:重心转换身体松沉蓄力右腿曲膝提起向前上步前脚掌点地;在上步过程中两手变拳左臂曲肘拳心斜向内;右拳经腰部向左手腕部下方前穿与左手腕部相交叉架于体前拳心斜向下形成七星动作。

图 4-210

图 4-211

36. 退步跨虎，见图 4-212～图 4-217。

接上动作：松沉蓄力转换重心；右腿曲膝右脚经左腿内侧退后一步前脚掌先着地随着身体松沉过渡到全脚掌落地；左腿曲膝脚跟提起脚掌虚点地面；在此动作过程中同时身体随着步法变化微右转；同时两拳下沉至腹前后变掌向左右分开；右掌心向前弧形斜上掤起到头部右斜方；左臂曲肘掌心向下自右向左弧形搂採至左胯旁。

图 4-212

图 4-213

图 4-214

图 4-215

图 4-216

图 4-217

37. 转身摆莲,见图 4-218～图 4-225。

图 4-218

图 4-219

图 4-220

图 4-221

图 4-222

图 4-223

图 4-224

图 4-225

接上动作：以意领气以气催力松沉，右脚发力身体右转；左脚在右脚外侧扣脚落地；随步法变化同时：左掌自左胯旁向左弧形上移至左胸前掌心向上，右掌自上向右而下经胸腹前曲肘弧形移至左胸前掌心朝下；动作继续，两脚全脚掌为轴向右后转体；左臂曲肘掌心向上右掌心翻转向上从胸前经左肘下方斜穿；此时身体继续右转至正南方向左腿曲膝坐实；右腿曲膝提起上步以脚掌虚点地面；与此同时右掌自左臂肘关节下方穿出后经右斜上方臂内旋掌心朝右掌指斜向上；左掌随着右臂的内旋同时内旋下按至右肘关节内侧掌心斜向下，动作继续，左腿支撑直立右腿曲膝提起伸膝直腿自左经脸前向右弧形外摆；动作过程同时两臂曲肘掌心斜向下左掌低右掌高自右向左摆与脚面合击；击脚顺序是先左后右；击脚后曲膝提于体前两掌微左摆。

38. 弯弓射虎，见图 4-226～图 4-229。

接上动作：身体松沉；左腿曲膝下蹲坐实右腿向右斜方 45 度角上步脚跟先着地在身体继续松沉情况下转换重心蹬左腿弓右腿右脚铺平落地；在步法变换中两掌心向下经腹前自左向右横採至右侧方时变拳；动作继续，随蹬地身体微微右转而后左转；左拳自右经脸前向左 45 度角打出右拳曲肘击架于右额头斜上方。

图 4-226

图 4-227

图 4-228

图 4-229

39. 进步搬拦捶,见图 4-230～图 4-238。

图 4-230

图 4-231

图 4-232

图 4-233

图 4-234

图 4-235

图 4-236

图 4-237

图 4-238

(1)搬拦捶

接上动作:身体松沉左脚尖外撇 45 度,身体逐渐左转,随转体,左掌外旋内翻掌心斜向上大臂外掤肘关节斜后顶；右拳心先向内随左手运动同时弧形向左移至左腹前（有挂手之意），随即意领气继续松沉以气催力身体缓慢右转右脚离地上步脚跟着地，身体逐渐松沉右脚掌外展落平重心移至右腿；右拳翻转拳心向上反砸于胸腹前；左掌心向下随右拳运动经右小臂内关处向前横击，动作继续，左脚上步脚跟着地左掌继续前移（掌心向内左掌前拦）。右拳心向内收于右肋处，身体松沉左脚掌落平；动作不停，右脚蹬地左腿曲膝成弓步左拳坠肘立拳冲出左掌按于右手腕内侧。

(2)如封似闭

前脚蹬地脊柱后掤竖颈头顶悬，松沉，右腿弯曲，重心渐渐向后移到右腿同时，左掌经右肘下沿右臂外侧向前伸随重心转换穿伸至胸前时右拳变掌两臂交叉右臂在里，动作不停随之松沉两掌左右分开臂外旋使掌心翻转朝里 45 度角；两掌高不过胸。重心继续后移，坐实右腿；两掌在身体重心转换中向回勾带随动作的继续两臂螺旋回抽；同时内旋掌心翻转向下按于腹前。后腿蹬地重心渐渐前移成左弓步；背后掤胸虚空，两肘下垂两掌向前按出，腕关节高不过肩。

40. 十字手收势，见图 4-239～图 4-243。

图 4-239

图 4-240

图 4-241

图 4-242

图 4-243

随松沉左脚尖里扣左脚蹬伸，同时身体右转；随转体，两肘弯曲两臂分开，动作继续随着重心左移，右脚提起向左脚靠拢两脚距离同肩宽，两掌分别自左右而下经腹前向上划弧掌心斜向内交叉架起并合抱于胸前；动作继续，两掌向前随伸随分开，两手距离同肩宽，同时两臂内旋使两掌心转朝下；随即两肘下沉，自然带动两掌徐徐向下按至胯前，手指朝前，掌心朝下动作结束。眼向前平视。收其心意气息，复全归于丹田，凝神静虑，知止有定，不可散失。

第五章 附 录

第一节 山右王宗岳太极拳论

太极者，无极而生，阴阳之母也。动之则分，静之则合。无过不及，随曲就伸。人刚我柔谓之走，我顺人背谓之黏。动急则急应，动缓则缓随。虽变化万端，而理唯一贯。由着熟而渐悟懂劲，由懂劲而阶及神明。然非用力之久，不能豁然贯通焉。虚领顶劲，气沉丹田，不偏不倚，忽隐忽现。左重则左虚，右重则右杳。仰之则弥高，俯之则弥深。进之则愈长，退之则愈促。一羽不能加，蝇虫不能落。人不知我，我独知人。英雄所向无敌，盖皆由此而及也。斯技旁门甚多，虽势有区别，概不外壮欺弱、慢让快耳。有力打无力，手慢让手快，是皆先天自然之能，非关学力而有也。察四两拨千斤之句，显非力胜；观耄耋能御众之形，快何能为？立如平准，活似车轮。偏沉则随，双重则滞。每见数年纯功，不能运化者，率皆自为人制，双重之病未悟耳。欲避此病，须知阴阳。黏即是走，走即是黏；阴不离阳，阳不离阴；阴阳相济，方为懂劲。懂劲后，愈练愈精，默识揣摩，渐至从心所欲。本是舍已从人，多误舍近求远。所谓差之毫厘，谬之千里，学者不可不详辨焉。是为论。

《十三势》

长拳者，如长江大海，滔滔不绝也。

十三势者，掤、捋、挤、按、采、挒、肘、靠，此八卦也；进步、退步、左顾、右盼、中定，此五行也。掤、捋、挤、按，即干、坤、坎、离四正方也；采、挒、肘、靠，即巽、震、兑、艮四斜角也；进、退、顾、盼、定，即金、木、水、火、土也。合之则为十三势也。

《十三势行功歌诀》

十三总势莫轻识，命意源头在腰隙；
变转虚实须留意，气偏身躯不稍痴。
静中触勋动犹静，因敌变化示神奇；
势势存心揆用意，得来不觉费工夫。
刻刻留心在腰间，腹内松静气腾然；
尾闾中正神贯顶，满身轻利顶头悬。
仔细留心向推求，曲伸开合听自由；
入门引路须口授，功用无息法自休。
若言体用何为准，意气君来骨肉臣；
详推用意终何在？益寿延年不老春。
歌兮歌兮百四十，字字真切义无疑；
若不向此推求去，枉费工夫贻叹息。

《打手歌》

掤捋挤按须认真，上下相随人难进；
任他巨力来打我，牵动四两拨千斤；
引进落空合即出，沾连黏随不丢顶。

第二节　杨澄甫——《太极拳之练习谈》

王宗岳，在太极拳、刀、枪等方面造诣都很深，曾著有《太极拳论》、《十三势解》《阴符枪谱》等文章，这篇《太极拳论》一直以来是武术界公认的太极拳最经典的理论！

杨澄甫先生是太极拳运动普及与发展的开拓者，其太极拳功夫在民国时期堪称一流！在拳理方面更是有着独特的见解；大师依据自身体验将其原有理论得以发展；为后人认识太极拳练好太极拳研究其内涵打下了坚实基础。

中国之拳术，虽派别繁多，要知皆寓有哲理之技术，历来古人穷毕生之精力，而不能尽其玄妙者，比比皆是，学者若费一日之功力，即得有一日之成效，日积月累，水到渠成。

太极拳，乃柔中寓刚，绵里藏针之艺术，于技术上、生理上、力学上，有相当之哲理存焉。故研究此道者，须经过一定之程序与相当之时日，虽然良师之指导、好友之切磋，固不可少，而最紧要者，是在逐日自身之锻炼。否则谈论终日，思慕经年，一朝交手，空洞无物，依然是门外汉者，未有逐日功夫。古人所谓，终思无益，不如学也。若能晨昏无间，寒暑不易，一经动念，即举摹练，无论老幼男女，及其成功则一也。

近来研究太极拳者，由北而南，同志日增，不禁为武术前途而喜。然同志中，专心苦练，诚心向学，将来不可限量者，固不乏人，但普通不免入于两途，一则天才既具，年力又强，举一反三，颖悟出群，惜乎稍有小成，便是满足，遽迩中辍，未能大受；其次急求速效，忽略而成，未经一载，拳、剑、刀、枪皆已学全，虽能依样葫芦，而实际未得此中三味，一经考究其方向动作，上下内外，皆未合度，如欲改正，则式式皆须修改，且朝经改正，而夕已忘却。故常闻人曰："习拳容易改拳难"。此语之来，皆由速成而致此。如此辈者，以误传误，必致自误误人，最为技术前途忧者也。

太极拳开始，先练拳架。所谓拳架者，即照拳谱上各式名称，一式一式由师指教，学者悉心静气，默记揣摹，而照行之，谓之练架子。此时学者应注意内外上下：属于内者，即所谓用意不用力，下则气沉丹田，上则虚灵顶劲；属于外者，周身轻灵，节节贯串，由脚而腿而腰，沉肩曲肘等是也。初学之时，先此数句，朝夕揣摹，而体会之，一式一手，总需仔细推求，举动练习，务求正确。习练既纯，再求二式，于是逐渐而至于习完。如是则毋事改正，日久亦不致更变要领也。

习练运行时，周身骨节，均须松开自然。其一，口腹不可闭气；其二，四肢腰腿，不可起强劲。此二句，学内家拳者，类能道之，但一举动，一转身，或踢腿摆腰，其气喘矣，其身摇矣，其病皆由闭气与起强劲也。

一、摹练时头部不可偏侧与俯仰，所谓要"头顶悬"，若有物顶于头上之意，切忌硬直，所谓悬字意义也。目光虽然向前平视，有时当随身法而转移，其视线虽属空虚，亦为变化中一紧要之动作，而补身法手法之不足也。其口似开非开，似闭非闭，口呼鼻吸，任其自然。如舌下生津，当随时咽入，勿吐弃之。

二、身躯宜中正而不倚，脊梁与尾闾，宜垂直而不偏；但遇开合变化时，有含胸拔背、沉肩转腰之活动，初学时节须注意，否则日久难改，必流于板滞，功夫虽深，难以得益致用矣。

三、两臂骨节均须松开，肩应下垂，肘应下曲，掌宜微伸，手尖微曲，以意运臂，以气贯指，日积月累，内劲通灵，其玄妙自生矣。

四、两腿宜分虚实，起落犹似猫行。体重移于左者，则左实，而右脚谓之虚；移于右者，则右实，而左脚谓之虚。所谓虚者，非空，其势仍未断，而留有伸缩变化之余意存焉。所谓实者，确实而已，非用劲过分，用力过猛之谓。故腿曲至垂直为准，逾此谓之过劲。身躯前扑，即失中正姿势。

五、脚掌应分踢腿（谱上左右分脚或写左右起脚）与蹬脚二式。踢腿时注意脚尖，蹬腿时则注意全掌，意到而气到，气到而劲自到，但腿节均须松开平稳出之，此时最易起强劲，身躯波折而不稳，发腿亦无力矣。

太极拳之程序，先练拳架（属于徒手），如太极拳、太极长拳；其次单手推挽、原地推手，活步推手、大捋、散手；再次则器械，如太极剑、太极刀、太极枪（十三枪）等是也。

练习时间，每日起床后两遍，若晨起无暇，则睡前两遍。一日之中，应练七八次，至少晨昏各一遍。但醉后，饱食后，皆宜避忌。

练习地点，以庭园与厅堂，能通空气，多光线者为相宜。忌直射之烈风与有阴湿霉气之场所，因身体一经运动，呼吸定然深长，故烈风与霉气，如深入腹中，有害于肺脏，易致疾病也。练习之服装，宜宽大之中服短装与阔头之布鞋为相宜。习练经时，如遇出汗，切忌脱衣裸体，或行冷水揩抹，否则未有不罹疾病也。

杨澄甫太极拳说十要

1. 虚灵顶劲

顶劲者，头容正直，神贯于顶也。不可用力，用力则项强，气血不能流通，须有虚灵自然之意。非有虚灵顶劲，则精神不能提起也。

2. 含胸拔背

含胸者，胸略内涵，使气沉于丹田也。胸忌挺出，挺出则气拥胸际，上重下轻，脚跟易于浮起。拔背者，气贴于背也，能含胸则自能拔背，能拔背则能力由脊发，所向无敌也。

3. 松腰

腰为一身之主宰，能松腰然后两足有力，下盘稳固；虚实变化皆由腰转动，故曰："命意源头在腰际"，由不得力必于腰腿求之也。

4. 分虚实

太极拳术以分虚实为第一义，如全身皆坐在右腿，则右腿为实，左腿为虚；全身皆坐在左腿，则左腿为实，右腿为虚。虚实能分，而后转动轻灵，毫不费力；如不能分，则迈步重滞，自立不稳，而易为人所牵动。

5. 沉肩坠肘

沉肩者，肩松开下垂也。若不能松垂，两肩端起，则气亦随之而上，全身皆不得力矣。坠肘者，肘往下松垂之意，肘若悬起，则肩不能沉，放人不远，近于外家之断劲矣。

6. 用意不用力

太极拳论云：此全是用意不用力。练太极拳全身松开，不便有分毫之拙劲，以留滞于筋骨血脉之间以自缚束，然后能轻灵变化，圆转自如。或疑不用力何以能长力？盖人身之有经络，如地之有沟壑，沟壑不塞而本行，经络不闭则气通。如浑身僵劲满经络，气血停滞，转动不灵，牵一发而全身动矣。若不用力而用意，意之所至，气即至焉，如是气血流注，日日贯输，周流全身，无时停滞。久久练习，则得真正内劲，即太极拳论中所云："极柔软，然后极坚刚"也。太极拳功夫纯熟之人，臂膊如绵裹铁，分量极沉；练外家拳者，用力则显有力，不用力时，则甚轻浮，可见其力乃外劲浮面之劲也。不用意而用力，最易引动，不足尚也。

7. 上下相随

上下相随者，即太极拳论中所云：其根在脚，发于腿，主宰于腰，形于手指，由脚而腿而腰，总须完整一气也。手动、腰动、足动，眼神亦随之动,如是方可谓之上下相随。有一不动,即散乱也。

8. 内外相合

太极拳所练在神,故云:“神为主帅,身为驱使”。精神能提得起,自然举动轻灵。架子不外虚实开合;所谓开者,不但手足开,心意亦与之俱开,所谓合者,不但手足合,心意亦与之俱合,能内外合为一气,则浑然无间矣。

9. 相连不断

外家拳术,其劲乃后天之拙劲,故有起有止,有限有断,旧力已尽,新力未生,此时最易为人所乘。太极拳用意不用力,自始至终,绵绵不断,周而复始,循环无穷。原论所谓“如长江大河,滔滔不绝”,又日“运劲如抽丝”,皆言其贯串一气也。

10. 动中求静

外家拳术,以跳掷为能,用尽气力,故练习之后,无不喘气者。太极拳以静御动,虽动犹静,故练架子愈慢愈好。使则呼吸深长,气沉丹田,自无血脉贲张之弊。学者细心休会,庶可得其意焉。

太极拳述真

太极者,无极而生,阴阳之母也。

不动为无极,已动为太极。空气磨动而生太极遂分阴阳,故练太极先讲阴阳,而内包罗万象,相生相克由此而变化矣。太极本无极生,而阴阳之母也。

1. 动之则分,静之则合。

练太极,心意一动则分发四肢,太极生两仪四象八卦九宫,即掤捋挤按采挒肘靠进退顾盼定。静本还无极心神合一,满身空空洞洞,少有接触即知。

2. 无过不及,随曲就伸。

无论练拳对敌无过不及。过,逾也。不及,未到也。过与不及皆失中心点,如敌来攻顺化为曲,曲者弯也。如敌攻未呈欲退,我随彼退时就伸,伸者出手发劲也。过有顶之敝,不及为丢,不能随曲为抗,不能就伸为之离。谨记丢顶抗离四字，如功能不即不离，方能随手凑巧。

3. 人刚我柔谓之走，我顺人背谓之黏。

比如两人对敌，人力刚直，我用柔软之手搭上敌之刚直上，如皮鞭打物然实实搭在他劲上，他想摔开甚难，就象胶皮带缠住他一样，能放能长，如他用大力，我随黏他手腕往后坐身，手同时不离往怀收转半个圈为之走化也，向他左方伸手使敌身侧不得力，我为顺，人为背，黏他不能走脱矣。昔有一轶事，有不法和尚善头者，与一人较，人知其用羊抵头之法无敌焉，甚惧。其人见和尚新剃头，忽想一法，去屋用湿毛巾一条仿焉。和尚施其法，此人用湿毛巾摔搭头上往下一拉，和尚随倒，是即以柔克刚之理也。

4. 动急则急应，动缓则缓随。

今同志知其柔化，不知急应之法，恐难与外功对敌。急，快也。缓，慢也。如敌来缓则柔化跟随，此理皆明。如敌来甚速，柔化乌能取哉？则用太极截劲之法，不后不先之理以应敌。何为“截劲”？如行兵埋伏突出截击之。何为“不后不先”？如敌手已发未到之际，我手截入敌膊未直之时，一发即去，此为迎头痛击。动急由急应，此非真传不可。

5. 虽变化万端而理为一贯。

与人对敌，如推手或散手，无论何着数，有大圈，有小圈，半个圈。阴阳之奥妙，步法之虚实，太极之阴阳鱼，不丢顶之理，循环不息，变化不同，太极之理则一也。

由着熟而渐悟懂劲，由懂劲而阶及神明。然非用力之久，不能豁然贯通焉。

着者，拳式也。今同志专悟懂劲，故不能发人。先学姿势正确，次要熟练，渐学懂劲。古人云：“不揣其本而其齐其末，方寸之木，可使高于岑楼。”此句先求姿势后悟懂劲，不难而及神明。神明言拳精巧。豁然贯通，即领悟得拳奥妙，能气行如九曲珠，太极理通焉。非久练久熟，何能及此境耶。

6. 虚领顶劲，气沉丹田，不偏不倚。

顶者，头顶也，此处道家称为“泥丸宫”，素呼“天门”。顶劲非用力上顶,要空虚,要头容正直,精神上提,不可气贯于顶。练久眼目光明,无有头痛之病。丹田在脐下余,即小腹处,一身元气总聚此地位。行功如气海发源,环流四肢。气归丹田身与气不偏倚。如偏倚,犹磁瓶盛水瓶歪倒,则水流出矣。丹田偏倚,则气不能归聚矣。此说法佛家称“舍利子”,道家称“练丹”,如此练法气壮多男,工夫外有柔软筋骨,内有坚实腹脏,气充足,百病不能侵矣。

7. 忽隐忽现,左重则左虚,右重则右杳。

隐者,藏也。现者,露也。隐现之法,与人对敌,犹神明难测之妙。如敌来击至我身,我身收束为忽隐,使敌不能施其力;如敌往回抽时,我随跟进为忽现。敌不知我式高低上下,无法敌当我手。练太极如河中小船,人步临其上,必略偏忽隐,又裹步必随起,忽现,犹龙之变化,能升能降,降则隐而藏形,现能飞升太虚与云吐露。此理言太极能高低,隐现即忽有忽无之说。重者,不动也。与人对敌,不动可乎?如用拳必以身体活动,手脚灵捷,然后可以迎敌。敌如击我左方,我身略偏虚无可逞;击我右方,我右肩往收缩使其拳来无所着,我体灵活不可捉摸,即左重左虚,右重右杳。

8. 仰之则弥高,俯之则弥深,进之则弥长,退之则愈促。

仰为上,俯为下。敌欲高攻,吾即因而高之而不可及;敌欲押吾下,因而降使敌失其重心。与己说,仰之弥高眼上看,心想将敌人掷上房屋;俯之弥深,想将敌人打入地内。班侯先生有轶事,六月某日在村外(即北方收粮地方)场乘凉,突来一人拱手曰:“访问班侯先生居处。”答:“吾即杨某也。”其人疾出大食中三指击之,班侯师见场有草房七尺高,招手说:“朋友,你上去罢。”将其掷上,又言:“请下罢,速回医治。”乡人问曰:“何能掷其上?”曰:“仰之弥高。”乡人不解其说。北方有洛万子从学焉,习数年,欲试其技。班侯师曰:“将你掷出元宝式样可乎?”万笑曰:“略试之。”较手如言,两手两脚朝天,右胯着下如元宝形,入地不能,将胯摔脱矣。医好,至今腿略颠跛。此人拳甚好,其人至今还在,常曰:“俯之弥深,利害极矣。”

9. 一羽不能加，蝇虫不能落。

练功久感觉灵敏，稍有接触即知。犹如一鸟毛之轻，我亦不驮，蝇虫之小亦不能着落我身，即便着落琉璃瓶内，光滑不能立足，我以化力，将蝇虫分磋矣。如此可谓太极之功成矣。昔班侯先生有一轶事，六月行功时，常卧树荫下休息。或有风吹一叶落身上不能存留，随脱流而落地下。自常试己功，解襟仰卧榻上捻金米（即小米）少许置于脐上，听呼一声，小米犹弹弓射弹一样，飞射瓦屋顶相接。班侯先生之功可为及矣，同志宜为之。

10. 人不知我，我独知人。英雄所向无敌，盖皆由此而及也。

与人对敌，不出有一定架式，使敌无处入手。如诸葛用兵，或攻或守，敌莫能预测。谚云："不知我葫芦卖的是什么药"。敌不知我练太极有审敌之法，如搭手素熟懂劲，我手有灵动知觉，敌手稍动我早知来意，随手凑巧以发即出。如离远用审敌法，以望即知其动作。兵法云："知己知彼，百战百胜。"英雄所向无敌，盖皆由此而及也。

斯技旁门甚多，虽势有区别，概不外乎壮欺弱，慢让快耳！有力打无力，手慢让手快，此皆先天自然之能，非关学力而有为也！

虽拳类繁多，各门姿式用法不同。总而言之，盖注重手快力大则一也。此种说法，人生就有，非学而得也。各拳著名人亦甚多，但未有太极之理之精微奥妙也。

11. 察"四两拨千斤"之句，显非力胜。

圣人云："以力服人者，非心服也。"学艺能无力打有力，手慢胜手快，以巧治敌，能使人实地心服，亦不愧学艺之苦心矣。练太极能引进落空，虽千斤力无所用矣。能灵活才有落空之妙，能引进落空，四两拨千斤之妙得矣。昔有一轶事，京西有富翁庄宅如城，人称为"小府张宅"。其人爱武，家有镖师三十余人。性且好学，闻广平府杨露禅名著，托友武禄青者往聘。及请至，张见其人瘦小，身未五尺，面目忠厚，身衣布衣，遂招待其礼不恭，宴亦不盛。露禅先师会意，遂自酌自饮不顾其他。张不悦曰："常闻武哥谈先生盛名，不知太极能打人乎？"露禅知谦不成，遂曰："有三种人不可打。"张问："何为三种？"答曰："铜铸的，铁打的，木作的。此三种人不容易打。其外无论。"张曰："敝舍卅余人，冠者刘教师，力能举五百斤。与戏可乎？"答曰："无妨一试。"刘某来式猛如泰山，拳风飕声。临近，露禅以右手引其落空，以左手拍之，其人跌出三丈外。张抚拳笑曰："先生真神技矣。"遂使厨夫，从新换满汉盛宴，恭敬如师。刘力为牛，不巧安能敌手。由此知彼显非力盛，之能为功也。

12. 观耄耋能御众之形，快何能为？！

七八十岁为耄耋，能御众人，指练拳言。不练拳，即年壮，敌一二人难矣。用功人自学拳日起，至老未脱功夫，日久筋骨内壮，气血充足，故七八十岁能敌众人。犹战定军山，老黄忠言："人老马不老，马老刀不老。"其言甚壮。练太极拳人老精神不老，能敌多人，概此意也。昔建侯太师遗事，有日天雨初晴，院泥水中一小路，可容一人行，门生赵某立其间观天，不知老先生自屋出，行赵后焉，欲为戏，伸右膊轻轻押赵右肩上，赵某觉似大梁押肩，身弯曲侧坐，移出路。老先生笑而不言，行出。又一日，足立院中，言与众捕为戏。有门生八九人齐拥上来，见老先生几个转身，众人齐跌出，有丈余的，有八九尺远的。老先生年近八十，耄耋御众，非妄言也，快何能为？此快字言无着数之快谓之忙乱，忙乱之快无所用矣。非快不好，快而有法然后可用矣。

13. 立如平准，活似车轮。

立如平准，即立身中正不偏，方能支撑八面，即乾坤坎离巽震兑艮，即四正四斜方向也。活似车轮，言气循环不息。古人云："得其环中以应无穷。"腰如车轴，四肢如车轮，如腰不能做车轴，四肢不能动转，自己想使车轴转，可多浇油腰轴，油满方好。同志细细体会，自得之，勿须教也。

14. 偏沉则随，双重则滞。

前说有车轮之比，犹如用一脚蹬轮偏，自然随之而下。何为"双重"？犹如右脚蹬上右方，左脚蹬上左方，两力平均自滞而不转动。此理甚明，勿须细说。

每见数年纯功，不能运化者，率皆自为人制，双重之病未悟耳！

最浅解说，同志得许多宜处。譬如有几人练太极日日用功五六年，与人较，反被敌制。同志问曰："你用功五六年，可为纯功矣。何其不胜？请表演十三式观之。"见其练法骑马坐裆握拳怒目咬牙，力大如牛，气也未敢出，此为双重练法。同志笑曰："专驾未悟双重之病耳！"又一人曰："我不用力练五六年，为何连十岁顽童也打不倒？"同志请演十三式，见其练法毫不着力，浮如鹅毛，手足未敢伸，眼亦未敢开大。同志笑曰："尊驾为双浮误矣。双重为病，双浮亦为病。"众笑曰："却实练法，何能得之？"

预避此病，双重双浮之病。预避此病，现今易耳。有此拳书容易知之。此书阅法先阅一遍，拳理甚多，不能一阅就全懂。日后可练十日拳阅一日书，慢慢此书功效大著矣。如有一节悟明料难，可问高明老师可也。

须知阴阳。粘即是走，走即是粘，阴不离阳，阳不离阴，阴阳相济，方为懂劲。

阴阳即虚实，总而言之，粘连走化懂敌之来劲。前解甚多不必多叙。

懂劲后愈练愈精，默识揣摩，渐至从心所欲。

能懂敌之来劲，加以日日习练，即久练久熟之意。揣摩就是悟想老师教的使用法，极熟，出手心想即至，从心所欲得之矣。

15. 本是舍己从人。

与敌对手，知要随人所动，不要自动。吾师澄甫先生常言由己则滞，从人则活。能从人便得落空之妙。由己不能由己，能从人就能由己。此理极确实，极奥妙。同志功夫练不到此地位，恐不易知耳。此说极明显，佛经云："我说牛头有角，"即明显之意也。

多误舍近求远。斯谓"差之厘毫，谬以千里"，学者不可不详辨焉！是为论。

与敌对手，多是不用近，而用远。静以待动，机到即发为近；出手慌忙，上下寻处击敌为远。太极之巧，分寸之大，厘毫之小，所以不可差也。如差厘毫，如千里之远。练拳对手同志不可不注意焉。

图 5-1

图 5-2

图 5-3

图 5-4

图 5-5

图 5-6

图 5-7

图 5-8

图 5-9

图 5-10

图 5-11

图 5-12

图 5-13

图 5-14

图 5-15

图 5-16

图 5-17

图 5-18

图 5-19

图 5-20

图 5-21

图 5-22

图 5-23

图 5-24

图 5-25

图 5-26

图 5-27

图 5-28

图 5-29

图 5-30

图 5-31

图 5-32

图 5-33

图 5-34

图 5-35

图 5-36

图 5-37

图 5-38

图 5-39

图 5-40

图 5-41

图 5-42

图 5-43

图 5-44

图 5-45

图 5-46

图 5-47

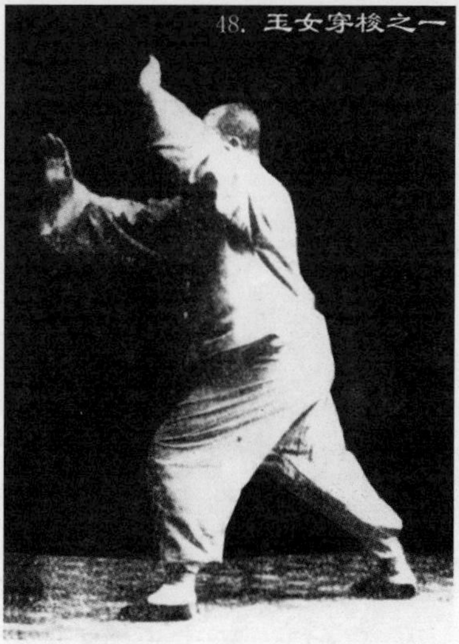

图 5-48

图 5-49

图 5-50

图 5-51

图 5-52

图 5-53

图 5-54

图 5-55

图 5-56

图 5-57

图 5-58

图 5-59

图 5-60

图 5-61

图 5-62

第三节 武禹襄简述

武禹襄(1812～1880),为武氏太极拳创始人,姓武,名河清,字禹襄,号廉泉,河北省永年县人。祖辈世代传文习武,兄弟三人,两兄皆进士后任职,禹襄自幼习文好武,性孝友,侠尚义,乡秀才,廪贡生,侯选训导。约1850年同乡杨露禅(1799～1872)自温县陈家沟学艺返乡,禹襄兄弟爱其术而从学陈氏老架太极拳,得其大概。1852年武禹襄兄长中进士,任河南舞阳知县。武禹襄赴兄长任所,顺道过温县陈家沟,拟求益于陈长兴(1771～1853)。经长兴介绍,遂从陈青萍学习陈氏太极拳新架二路并得其精妙,后又从长兄武澄清处得王宗岳《太极拳谱》,读后大悟。在钻研太极拳陈氏新老架式的基础上,结合《太极拳谱》之精华,通过自身练拳体会,融会贯通,创出姿势紧凑,动作舒缓,身法端正,步法轻灵并要求内气潜转,以气成式的太极练法。此式既不同于陈使老架和新架,也不同于杨氏大架和小架,故拳式中式势可用,无一空架自成一派,后人称之为“武氏太极拳”。

武氏一生虽然研究太极拳术最为精深，但终以教读自任，故此拳传人甚少，只传其甥李经纶（字亦畬）；李亦畬传郝为真（1840～1920）。武氏研究太极拳，创试验之法，每招致乡勇以自验其技；并反复笔录修订以练拳心得著有《打手要言》；又衍为《十三势行工心解》。并归纳锻炼要领为《身法八要》。其著作皆心得所著，简单精要，无一虚浮成为一家。所以已故著名武术家顾留馨先生称武氏著作为“简练精要，无一浮词”。武禹襄终生研究太极拳，及至到老，病卧床榻，犹为侍疾者讲论拳术，娓娓不倦。其甥李亦畬、李承纶均从其学，尤以李亦畬拳艺最精。后被世尊为武式太极拳的创始人。

杨露禅曾把其子杨班侯送到禹襄处念书。禹襄对班侯的评价是“读书不甚聪敏，习拳颇领悟。”所以名震北京的班侯之拳技，除了得之父传外，也曾受教于禹襄。

武禹襄历史评价

武禹襄武学，以气贯串。武禹襄的武学理论，除了追随王宗岳的太极理论之外，其个人特色最为强烈，影响后世武者最大的，就是他的“气”论。“气”字用于武术，虽然不是武禹襄所独有独创，但是却可以说是完全发扬光大于武禹襄。在他短短的“打手要言”中，武禹襄就使用了二十五个“气”字，在他极短的“四字秘诀”中，也使用了六个“气”字。由此可见，武禹襄的武学理论可以说完全是以“气”来贯串。

武禹襄太极拳论
十三势行功要解

以心行气务沉着，乃能收敛入骨，所谓“命意源头在腰隙”也。

意气须换得灵，乃有圆活之趣，所谓“变转虚实须留意”也。

立身中正安舒，支撑八面；行气如九曲珠，无微不到，所谓“气遍身躯不稍滞”也。

发劲须沉着松静，专注一方，所谓“静中触动动犹静”也。

往复须有摺叠，进退须有转换，所谓“因敌变化示神奇”也。

曲中求直，蓄而后发，所谓“势势存心揆用意，刻刻留心在腰间”也。

精神能提得起，则无迟重之虞，所谓“腹内松静气腾然”也。

虚领顶劲，气沉丹田，不偏不倚，所谓“尾闾正中神贯顶，满身轻利顶头悬”也。

以气运身，务顺遂，乃能便利从心，所谓“屈伸开合听自由”也。

心为令，气为旗，神为主帅，腰为驱使，所谓“意气君来骨肉臣”也。

太极拳解

身虽动，心贵静；气须敛，神宜舒。心为令，气为旗；神为主帅，身为驱使。刻刻留意，方有所得。先在心，后在身。在身，则不知手之舞之，足之蹈之，所谓“一气呵成”、“舍己从人”、“引进落空”、“四两拨千斤”也。

须知：一动无有不动，一静无有不静。视动犹静，视静犹动。内固精神，外示安逸。须要从人，不要由己。从人则活，由己则滞。尚气者无力，养气者纯刚。

彼不动，己不动；彼微动，己先动。以己依人，务要知己，乃能随转随接；以己黏人，必须知人，乃能不后不先。

精神能提得起，则无迟重之虞；黏依能跟得灵，方见落空之妙。往复须分阴阳，进退须有转合。机由己发，力从人借。发劲须上下相随，乃能一往无敌；立身须中正不偏，方能八面支撑。静如山岳，动若江河。迈步如临渊，运劲如抽丝。蓄劲如张弓，发劲如放箭。

行气如九曲珠，无微不到；运劲如百炼钢，何坚不摧？形如搏兔之鹘，神似捕鼠之猫。曲中求直，蓄而后发。收即是放，连而不断。极柔软，然后能极坚刚；能黏依，然后能灵活。气以直养而无害，劲以曲蓄而有余。渐至物来顺应，是亦知止能得矣！

太极拳论要解

解曰：先在心，后在身。腹松，气敛入骨，神舒体静，刻刻存心，记一动无有不动，一静无有不静。视静犹动，视动犹静。动牵往来气贴背，敛人脊骨。要静,内固精神,外示安逸。迈步如猫行,运劲如抽丝。全身意在蓄神,不在气,在气则滞。尚气者无力,养气者纯刚。气如车轮,腰如车轴。

又曰:彼不动,己不动;彼微动,己先动。似松非松,将展未展,劲断意不断。

十三势说略

每一动,惟手先着力,随即松开。犹须贯串一气,不外起、承、转、合。始而意动,继而劲动,转接要一线串成。气宜鼓荡,神宜内敛。勿使有缺陷处,勿使有凹凸处,勿使有断续处。其根在脚,发于腿,主宰于腰,形于手指。由脚而腿、而腰,总须完整一气,向前、退后,乃能得机得势,有不得机得势处,身便散乱,必至偏倚,其病必于腰腿求之。上下、前后、左右皆然。凡此皆是意,不是外面。有上即有下,有前即有后,有左即有右。如意要向上,即寓下意。若将物掀起,而加以挫之之力,斯其根自断,乃坏之速而无疑。虚实宜分清楚,一处自有一处虚实,处处总有此一虚实。周身节节贯串,勿令丝毫间断。敷:敷者,运气于己身,敷布彼劲之上,使不得动也。盖:盖者,以气盖彼来处也。对:对者,以气对彼来处,认定准头而去也。吞:吞者,以气全吞而入于化也。此四字无形无声,非懂劲后,练到极精地位者,不能知全。是以气言,能直养其气而无害,始能施于四体。四体不言而喻矣!

打手撒放

掤　业　噫　咳　呼　吭　呵　哈

上平声　入声　上声　入声　上声

身法八要

含胸、拔背、裹裆、护肫

第四节 练习动静内功五大元素

尾闾中正神贯顶，满身轻利顶头悬；命意源头在腰隙，腹内松静气腾然。

太极拳运动包括其他内家拳运动内涵；就身形内在运化而论均其讲究：内外合一，灵活力整，运化自如，中正松沉，项竖虚空，气宜下引，炼精化气，练气化神，炼神还虚，明心见性。培其元气，守其中气，保其正气，护其肾气，养其肝气，调其肺气，理其脾气，升其清气，降其浊气，闭其邪恶不正之气，勿伤于气，勿逆于气，勿忧思悲怒以颓其气。使气清而平，平而和，和而畅达，能行于筋，串于膜，以至通身灵动。无处不行，无处不到，性命双修。达此目的需相应的手段从基础的动静内功练习方式入手。我认为从客观存在的物质与机理方面看：包括五个方面：

1. 神经系统

内功练习首先是：静、净两个字。(1)练习开始时身体要完全安静下来。(2)“心”要净下来，不要有任何杂念和外界干扰，人体在神经系统的总控制下安静下来与天地合一，如同清澈的水“静净”无暇。

2. 人体解剖学

人在整体意识集中的基础上，为达到功法要求，需改变人体正常站坐立状态。首先要从解剖学角度改变人体正常的生活姿态。在人的意识支配下站立姿态的正常生理弯曲度发生改变。(1)腰椎向后凸起与脊柱呈直线。(2)末端第七尾骨关节，即我们常说的尾骨尖要朝人体前方使人体骶髂关节微微向前横轴转动以保持脊柱像英语字母的“L”形状。(3)颈椎要竖直。(4)人体的头部枕骨有意识的微微向后垂直顶出，而收下颚容易产生头部向前的转动造成旋转动作。(5)人体脊柱在上述的基础上尽最大可能拉直真正形成“L”字样。(6)必须提到的是：人体站立时，躯干部分发生变化的首要基础就是膝关节要微微弯曲，所谓的松膝，由于膝关节的作用会使臀部发生位置的转变。(7)脚：我们知道天是“阳”；地是“阴”，人站在中间。而脚则是“阳”，在膝关节松的基础上，平衡的情况下，五个脚趾放松前伸，意念是涌泉穴提起。

3. 生理学基础

人体在安静的条件下保持心净，解剖结构发生了变化，人体的内脏部分也是要根据练功的特有环境与时间长短发生相应的生理变化。

在上述条件基础上，首先是胸部发生变化，由于“静净”的作用和人体外形的变化肌肉软组织根据练功要求处于相对的松弛状态，因此胸部在意识指导引领下由于“气”从玉环穴处下引的原因使胸部外形与内在得到改变，胸腔横膈膜距离加大使氧气量充足，血液循环稳定，安静使心脏跳动次数在相对时间内减少趋于稳定，由于氧气的充足，血液循环的稳定其他脏器也是在相对时间内得到缓解休息，整体作用下人体精气上升起到了炼精化气，炼气化神，性命双修的作用。

微循环系统的通畅改变了人体末端血液循环的通透性，使末端的机体性质发生改变。

4. 经络穴的作用

(1)在上述作用下人体内外状态处于相对稳定，由于解剖结构发生改变，尤其是腰部脊柱的改变和内在的气血运行相对稳定，人体的经络在内在合理运行中保持通畅，尤其是带脉起到了桥梁纽带作用，使人体上下肢整体经络循环保持通畅。(2)人体解剖结构的改变使人体的督脉与任脉连接无障碍，奇经八脉及经络等畅通，阴阳保持平衡。(3)当人体外形结构与内在因素达到练功要求时，人体头部“百会穴”与人体下肢骶髂关节处的“会阴穴”保持在同一垂直线上，为实现人体的“中正”打下了基础。(4)“因天之序”，要因循身体这个“天”本身的运动顺序，顺应天下万物之生长规律，练功时间遵循客观规律就能以天地之灵气去除体内浊气，壮其筋骨，强其内力。

5. 相应的技术支撑

功法练习一定要有相应的技术支撑。姿态的选用是技术支撑的重用组成部分。具有几千年文化传承的中国武术种类繁多，各类拳种都有自己独特的练功方式，常见的有：(1)相对静态的打坐方式。(2)一定姿态的站立方式。(3)动静结合的组合方式。

上述五点综述是练习内功的基础条件。当然:五点内容合为归一,它是一个整体不同的五个方面,练习中要遵循五点要素逐一体验,从中悟出道理,最终从以意领气,松沉转换入手,达到炼精化气、练气化神、炼神还虚、明心见性的效果。

第五节　膜　　论

(摘自真本《易筋经》——云奇)

夫一人之身。内而五脏六腑。外而四肢百骸。内而精气与神。外而筋骨与肉。共成其一身者也。如脏腑之外。筋骨主之。筋骨之外。肌肉主之。肌肉之内。血脉主之。周身上下。动摇活泼者。此又主之于气也。是故修炼之功。全在培养气血者为大要也。即如天之生物。莫不随阴阳之所至。而百物生焉。况于人生乎。又况于修炼乎。且精物神无形之物也。筋、骨、肉有形之身也。法必先炼有形者为无形之佐。培无形者为有形之辅。是一而二。二而一者也。若专培无形而弃有形。则不可。专炼有形而弃无形。则更不可。所以有形之身。必得无形之气。相倚而不相达。乃成不坏之体。设相达而不相倚。则有形者。亦化而无形矣。是故易筋须炼膜。炼膜必须炼气。然而炼筋易而炼膜难。炼膜难而炼气更难也。先从极难极乱处立定脚跟。后。向不动不摇。处。认斯真法。培其元气。守其中气。保其正气。护其肾气。养其肝气。调其肺气。理其脾气。升其清气。降其浊气。闭其邪恶不正之气。勿伤于气。勿逆于气。勿忧思悲怒以颓其气。使气清而平。平而和。和而畅达。能行于筋。串于膜。以至通身灵动。无处不行。无处不到。气至则膜起。气行则膜张。能起能张。则膜与筋齐固矣。如炼筋不炼膜。而膜无所主。炼膜不炼筋。而膜无所依。炼筋炼膜。而不炼气。而筋膜泥而不起。炼气而不炼筋膜。而气痿而不能宣达。流串于经络。气不能流串。则筋不能坚固。此所谓参互共用。错综其道也。俟炼至筋起之后。必宜培加功力。务使周身之膜。皆能腾起。与筋齐坚。始为了当。否则筋坚无助。譬如。植。物。无。土。培。养。岂曰。全。

功。也。哉。

般刺密谛曰。此篇言易筋以炼膜为先。炼膜以炼气为主。然此膜人多不识。不可为脂膜之膜。乃筋膜之膜也。脂膜腔中物也。筋膜胃外物也。筋则联络肢骸。膜则包贴骸骨。筋与膜较。膜软于筋。肉与膜较。膜劲于肉。膜居肉之内。骨之外。包骨衬肉之物也。其状若此。行此功者。必使气串于膜间。护其骨。壮其筋。合为一体。乃曰全功。

第六节　禅道述真

(摘自《武术汇综》——万籁生)

修道有动而修者,有静而修者。动而修者,先强外丹,炼穀化精,养成松胶之体,再从事乎内丹;静而修者,先不锻炼身体之康健,着手即收放心而炼内丹也。难其成功则一,但仍以动而修者为佳,蓋无后天,焉能得有先天,无此阿罗汉之顽健躯骸,焉能有证仙佛之强敏婴儿?然今人多不谙动而修之程途,且多文墨之士,欲求速效,均趋于静修,是亦因各人赋性有异,而未得师传之故耳。是以修道,须明寿功道三字,乃系相连而来,其初步以能欲疾多活寿数为则,次则练大功,筑道基以固三宝此而后始可以谈道。今人先即谈道,将寿功二字,置之脑后,是如欲设立一公司者,资本未就,先算每年挣若干红利,出息多少,如何摆布,空中楼阁,幻想一阵,询及资本,仍系两袖清风,此所谓舍本逐末也。蓋不能欲疾延年,怎得益寿,怎得成仙耶。人生六十年一换筋骨,届期则器官朽毁,多失作用,纵能多延数载,亦如半死之人,无生趣矣!故于朽之前,须日加修剔,永似新发于硎,一逾甲子,即过一鬼门关,此所以习功以保之也。道中之旁门亦甚多,有三十六道止观,七十二道旁门,各立名词,终归仍不出炼穀化精(此步在静修者,亦有诀窍),炼精化气,炼气化神,炼神还虚四步功程之诀窍耳。有专炼性不炼命者,即稍事定做,究佛讲经,穿透世事,涤去人心,复见天心,默证道心,则存心养性,此所谓真儒也。有专炼命而不炼性者,即着手禅定,未得诀窍,枯坐顽空,日烧乾锅,以求欲疾延年者也。均系半偏修道之士,或略习于静而止者。如真求大道旨趣,而归正觉,则必需性命双修不可。何谓性?盖心之根为性之根谓神,神即寓于心,故三者宝一物,而心即通性情者也。其修明心见性乃修道第一步功程。命即肾也精也,元气也。吾人炼精化气,气化神,神还虚,以后天辅先天,即本于此,此即修道之第二步功程,亦即修道之结局也。故性修死而命修活,先完第一步,再修第二步而第一步自亦在二步之中,(即性功悟成,再修命功,始可心无杂念,而纯一命功,则修命功时,性功自亦同时并进也)。是即为性命双修心属火,位于南,八卦中为离,肾属水,为于北,八卦中为坎,其炼道之理,即以火煮水,水化气,气行动周转而为神,而还虚,其不谙功程,一意枯坐,以为腹中做响为功,日加火烧,而肾水不固,锅中无水,此所谓烧干锅,不出疵病者几希矣。所谓降龙伏虎者,龙即性,虎即命(心定龙归海,情忘虎隐山),如是而已。其余之铅汞也,乌兔也,药物也,修慧也,均性命双修之别名耳。修道之步骤有三:一求欲疾延年,二求长生不老,三求修仙大道。欲疾延年者,如习内外八段锦,与其他外丹功夫,再进坐功,采药还童,长生不老,再经若干年岁,体如松胶,内外丹均已完固,始谈面壁九年还虚之大道功夫也。其真正修炼,即如本书静坐次序,早晚略习于静,勿求采药等等功程,而习除疾道功,内外方圆,见物内省,以穿人道之一切种种,先做明心见性之第一步功程,俟功到后,再作第二步未晚也。性命双修之道,即练己与不漏也;练己即明心见性,不漏即炼精化气,明心见性,即须明真我,真我即无我,真息即无息,无我即无息,无息即无我,故有我即有息,无我即无息,有神即有息,有息即有神,故练习须无气,此即坐时明心见性之境。

第六章 传承论

杨氏太极拳创始人——杨露禅

杨露禅(1799～1872),名福魁。河北广府(今永年县)人。

拜陈家沟陈式太极拳第六代传人陈长兴为师,杨露禅正式拜师后十八年中三下陈家沟,深得陈长兴先生喜爱并传其精髓。艺成时,他已是四十岁左右的人了。为了生活,他先在家乡永年教授太极拳,后被人推荐去北京授徒。因武艺高强,号称“杨无敌”。他在北京授拳时,因弟子多为王公大臣、贝勒贵族,生活奢侈而体弱多病,又不耐艰苦,杨露禅考虑到这些人的身体素质和保健需要,将自己所学太极拳动作特点风格进行改进既适合穿长衫、留辫子的人练习,又有益于健身。后经其子杨健侯,孙杨澄甫修改,定型为杨式太极拳,并发展成大小两种套路,其特点是:松沉轻灵、舒展大方,刚柔内含。此拳的改革,在京、津一带深受众人喜欢,学者日益增多。多年之后陈家的太极拳却仍在陈姓内部传递,当时的武术传人杨季子的诗中写到:“谁料豫北陈家拳,却赖冀南杨家传”的句子。杨氏太极拳迅猛发展,杨露禅的次子杨班侯(1837～1892)传杨式小架太极拳于满族人全佑(1834～1902),全佑之子鉴泉后从汉姓吴,他将父亲传授的杨式太极拳修改定型自成一家,此拳的特点是:功架紧凑,松静自然,川字步的弓步步行和偏中寓正的身型,更具风格特殊练起来轻灵、圆活,动作柔和,连贯流畅,虽动犹静,宁静而不忘动,架式大小适中被世人称为“吴式太极拳”。杨露禅可称之为中国历史上第一个将太极拳事业深入推广,发扬光大的伟大武术家。他以毕生精力钻研武学,醉心拳道,讷于言而敏于行,成就威名后仍淡泊依旧,不为浮华虚荣所累,是典型的“武痴”。自露禅公北上燕都虎行京朝,广为大众声闻起至今一百六七十年间,他之所以受到无数人的敬重仰慕,究其原因除了

刻苦自强的精神，艺业精绝的功夫等，更重要的是谦逊明德，尊师重道的珍贵品质。可赞无愧为武林中一代宗师，

宗师家世

子

长子，杨凤侯，早亡。次子，杨班侯（1837～1892）。三子，杨健侯（1839～1917）。

孙

杨兆林、杨兆鹏、杨兆元、杨兆熊（杨少侯）、杨兆清（杨澄甫）。

曾孙

杨振铭、杨振基、杨振铎。

杨健侯（1839～1917）

杨健侯又名杨鉴，河北永年人。杨禄禅之三子是杨式太极拳重要传人之一。自幼从父杨露禅习练太极拳。在父严督下，技艺大成。杨露禅在北京授拳期间，总是伴随身边。又因其性情温顺，循循善诱，随其学艺者颇多。因技艺精进，肯钻研，为适应部分习者需求，将杨式太极拳，初改中架。在太极拳发展和传播中，起了重要作用。杨健侯大师的拳术刚柔并济，出神入化。相传刀、剑、杆各种器械无不精通。且善发弹，拿三、四弹丸于手中，往往能同时击中三、四只飞鸟，有弹无虚发之美称。露禅逝世后，他接替父职在京授拳。他宽厚仁慈、秉性温和，从不恃拳傲扬，有极高的武德。

杨健侯的一生有三位著名传人："三子少侯、兆元、澄甫及许禹生等人"。许禹生（1879～1949），字龙厚，北京人，祖籍山东济南，官宦世家。许氏幼年除读书外，曾从沧州刘德宽等人学习武技。后随父移居北京，见国体日衰，益励志习武，广访名师，曾习六合、八卦、通臂、岳氏散手。

后来师从杨健侯，专攻太极拳。1912年与吴鉴泉、纪子修等人组建北平体育研究所，创办《体育》月刊，1921年出版《太极拳势图解》，其拳势为杨健侯所授，计74势。每一拳势都有图解，从中可以了解杨健侯拳势和练法应用。许禹生传教弟子的学习程序是："先姿势，次应用，次散手，次懂劲。更博采各派之所长，尤注意实际应用……"。杨健侯在继承父亲"小架子"的基础上，考虑学习者身体条件，着眼健康第一，在露禅小架子招式上，幅度扩大，既保持了技击特点，更适合众多人群健康需要，修改成"中架"；在杨式太极拳史上又发展了一步。可谓是：露禅班侯打天下，健侯澄甫传天下。杨健侯天生聪明，但杨健侯不喜欢学武，作为父亲的杨露禅早就看出这一点并深知健侯是学内家拳的好苗子，将来能继续支撑杨家门面的一定是健侯。杨露禅把其所学技能想尽办法都传授给杨健侯。由于杨露禅的严加教导，杨健侯的基本功训练非常扎实，再加上每天练拳无数，杨健侯的太极拳得到了较全面的发展。内功是最难练，但杨健侯的内功长得很快，杨健侯推手发劲轻灵，杨露禅看着奇怪，怎么跟我在陈家学的不一样？杨建候爱玩弹弓，他用弹弓将第一个弹子打向天空，再用第二个弹子打向第一个弹子，只听啪的一声，两弹相遇，打得粉粉碎碎。杨露禅忍不住了，走过来说，儿子，你神了你，你简直就是张三丰转世。杨健侯问道，张三丰是谁？谁是张三丰？杨露禅说，张三丰是谁，我也不知道，谁是张三丰，你就是张三丰！要气有气，要神有神，松沉轻灵。什么是轻灵劲？李雅轩云：硬劲不如僵柔劲，僵柔劲不如松沉劲，松沉劲不如轻灵劲，轻灵劲不如虚无劲。在此，李雅轩将劲力分为五种，即：硬劲，僵柔劲，松沉劲，轻灵劲及虚无劲。硬劲就是常人所用之劲，僵柔劲乃练过太极一段时间后，人体各部位僵柔不一的局部发力，发力时接触点有硬力感的劲力。松沉劲是整劲，劲由脚底起，瞬间达接触点。轻灵劲为带有内劲之整劲，接触点感觉较轻。虚无劲是接触点几乎无感觉，所谓飓风刮至，百草据倒。演武只为输赢，是何种劲没人注意。但杨健侯不这么认为，劲要发的巧妙，方为上乘，杨健候在助其父教拳时，已注意禁止硬力的使用，杨健候教人们发整劲，学轻灵劲。至此，杨家拳已有了自己的风格，杨健候在其执掌杨门帅印之后，将拳架也进行变革，在杨建侯所定的中架子里，大量的川字步取代了原来的大杆子步，这样一来，杨氏拳彻底跟陈氏架分了家。杨健侯的轻灵劲极具魅力只要被摸着，就跑不了，一轻二整，三块四灵。何谓一轻二整？我们推车或推墙时，都会用全身之力，但你如果你沾着吐沫捅破窗户纸时也能用全身整力，就是一轻二整了。杨建候认为轻灵最重要，真能轻灵，也就用不着唯手先着力。杨健侯把武禹襄的打手要言的最后一断，稍加改正，就便成了，一举动，周身俱要轻灵，尤须贯串。气宜鼓荡，神宜内敛，无使有缺陷处，无使有凸凹处，无使有断续处。其根在脚，发于腿，主宰于腰，形于手指，由脚而腿而腰，总须完整一气。

杨健侯的传人中有不少高手，但他们大都根据杨健侯的指示拜杨澄甫为师。其中著名者有张钦霖、田兆麟、牛春明等以及其他传人。杨健侯最有名的徒弟是许禹生和李景林。张钦霖(1887～1969)，河北省邢台县大石头庄人。张钦霖传胡耀贞、王善文、李云龙、刘志亮、王延年等人。田兆麟(1891～1959)，名绍先，满族，北京籍。田兆麟是最早把太极拳传到南方的拳师。牛春明(1881～1961)，满族，北京人。此外，受过杨健侯指点的杨澄甫弟子还有王其和等人。有关杨健侯的武事介绍杨鉴，字健侯，号镜湖，人呼为三先生，晚年时人呼为老先生，健侯于民国六年(1917年)无病而逝。在临终前数小时，得一梦兆，即知将死，呼家人及门徒至前，一一叮嘱，届时沐浴更衣，含笑而终。杨健侯对太极拳的发展所起的作用是巨大的，杨澄甫的八十五式大架，是在杨健侯的架子上稍变而成，定步推手，四正手皆是杨健侯所创，杨氏大捋，活步四正手亦为杨健侯所定。

杨澄甫(1883～1936)，杨式太极拳第三代传人

杨澄甫，字兆清，1883 年 7 月 11 日(农历癸未六月初八)生于北京，其祖父杨露禅、伯父杨班侯、父亲杨健侯均为太极名家。杨澄甫幼年随父学拳。杨健侯性情温和，回忆早年练功之苦，对于爱子澄甫不忍管束过严。澄甫公每日到拳场练功，拳剑刀枪、推手散手，虽然均合乎杨家祖传规矩，但并未真正痛下苦功。1912 年，澄甫 29 岁，在北京中山公园设立拳场，公开传授杨式太极拳、剑刀枪，只教架式，欲学大捋散手、粘剑粘杆，必需到杨府拳场，健侯公在家中亲自坐镇。健侯公思虑周密，布置得当，故澄甫公授拳一帆风顺。1917年，健侯公临终之前，老泪纵横，痛责澄甫公曰："你大哥随伯父练拳，刻苦异常，早已功成名就。你开门授徒，我在后面撑着。现在我要走了，如有高手前来比试，你万一失手，杨家威名扫地。你不用功，杨家功夫失传，真是不孝之极。我死不瞑目！"澄甫公惊闻此言，痛彻心肺，垂泪叩首，发誓用功。健侯公逝世之后，澄甫公闭门谢客，日夜苦练。此时澄甫公已34岁。健侯公有一位家道殷实之门生，每月敬奉澄甫公束修大洋30元，作为安家费用。澄甫公以每月6元大洋工资，雇用一名身强力壮大汉作为"桩子"。练拳者用木柱或石碑作为打击目标，试验劲力，称为"打桩"。例如，练大捋之靠劲，杨家老辈要练靠打木桩（九宫桩）或树桩；练白腊杆之粘劲，亦每日在树桩上左右反复刷劲。然而草木无情，唯有活人方能跳跃、躲闪、反击。以人为目标试劲，乃打"活桩"。推手、散手之身法、步法，均合乎太极门内之规格。其他门派武师上门比试，决不会按太极门之规格出手。因此尚须打"活桩"，在各种不规范状况下，以身躯之任意部位接劲，将人桩腾空放出。杨式太极之长劲，虽然将人弹放甚远，但人桩决无内伤之虞。一根白腊杆、一个人桩，陪伴澄甫公闭门苦练六年，反复悟健侯公所授之内功心法，终于内劲通灵，可以随手将人桩发放至二丈外。澄甫公心中尚未踏实，因为人桩毕竟不是武师。当时吴鉴泉先生在北京天坛授拳，门徒众多，乃德高望重之太极名家。澄甫公遂前往天坛找吴氏试手。吴氏得知澄甫公来方，赶紧出茶室招呼："三爷多时不见，有何指教？"澄甫公曰："没事。咱俩摩摩手。"两人一搭手，澄甫公顺势进圈，手背帖在吴氏腹部，轻轻往上提了三下，吴顺势跳了三跳，杨吴本有同门之谊，又有众多门徒在场，故澄甫公点到为止，并未发劲。吴氏柔化功夫极好，往年澄甫公与吴推手，往无法将吴粘住，更不能将其放出。如今一搭手即将吴粘住，澄甫公自知功夫长进，今非昔比，遂放心开门授徒，此时澄甫公已四十岁矣（1923年）。北京练武行家极多，听说杨三爷重开山门，上门讨教者络绎不绝。澄甫公来者不拒，对方莫不随手跌出寻丈之外，甚至有人被澄甫公腾空击出二、三丈远，跌至杨府门外。路人、围观者啧啧称奇。于是澄甫公名声大噪。登门比武者只有两人与澄甫公未分高下。其中之一河北香河县人张策(1859～1935)，字秀林，乃通臂拳名家，人称“臂圣”，外号“张大辫子”。辛亥革命后，张仍保留辫，与人交手之时，他一摇头，辫子飞到对手眼前。对方一眨眼，即被击出。另一位是形意、八卦名家孙福全(1861～1932)，字禄堂，河北完县人。孙先生瘦小轻灵，有“活猴”之美誉。杨露禅与董海川比武之后，义结金兰。澄甫公亦在比武之后，与张秀林、孙禄堂结义，成为换帖兄弟。此三人乃当时北京武术界之魁首也。

关于练拳

有人学了一套太极拳的养生拳架，认为只要苦练一番，就可以成为名家。此乃误解。杨家有一整套严密训练方法。站桩须配合内功心法，有无极桩、虚步桩、独立桩之分。打桩须往有弹性之树干上试用棚、捋、挤、按、採、挒、肘、靠等各种劲法。澄甫公之桩功基础极好，金鸡独立稳如泰山，推之不倒。曾与众门徒游上海法国公园(现称复兴公园)，园内之法国梧桐，树干粗壮，时值深秋，树叶枯黄。澄甫公往树干上施用靠劲，枯叶纷纷飘落，令观者咋舌。澄甫公勤练活桩，身上任何部位，均可将人击出。景华师曾随澄甫公出门用早茶，路上有一大汉迎面走来，与澄甫公擦身而过，澄甫公只觉得自己大腿与此人相触，此人已腾空跌出寻丈之外。澄甫公推手之时，不用有形之擒拿手法，而是用意气于无形之中，拿住对方劲路大喝一声，将对方腾空放出，其发劲之猛，击人之远，无人能及。澄甫公善用丹田内劲，发劲必定出声，但未必用“哼哈”二字，随口说声“好”或“去吧”，对手即被抛出。澄甫公虽然肥胖，但身法、步法变化极快。有一次，澄甫公与徒弟陈微明在楼上推手，澄甫公突然发劲，微明如脱弦之箭，往窗口飞去，众门徒大惊失色。只见澄甫公一个箭步往前蹿跃，顺手拉住微明足踝，大喝一声：“回来！”陈微明双足落地，立于窗前，吓得面如土色。微明道：“老师手太重，学生受不起，可否打轻点？”澄甫公伸出两只食指，粘住微明师伯腕、肘，澄甫公手指一沉，微明即往后腾跳不已。澄甫公与振铭在上海八仙桥青年会表演推手，振铭突发按劲，澄甫公右臂接劲，左手往右手掌心一拍，喝道："找打！"振铭即腾空飞出。景华与张玉站在二丈以外伸出手臂保护，振铭伯跌在景华师与张玉身上，三人一起摔倒在地毯上。

澄甫公在杭州国术馆任教务长时，月薪八百大洋。馆内有个太乙拳名师高守武，其脚和手一样灵活，藐视太极而嫉妒杨师声望，常出不逊之言，甚至在杨师桌斗里胡翻乱嚷。杨师忍无可忍，当即应其一较。高持大枪，杨持白腊杆。高如饿虎扑食般一枪刺来，杨杆只一抖，高枪脱手落地，满院观者无不叹服。一位少林拳师躲在走廊转角后面，突然向澄甫猛扑。时值寒冬腊月，澄甫公双手合拢于棉袍长袖之内，手臂即在袍袖之内轻轻一迎一送，拳师跌出丈外，叩首谢罪。

张之江聘请澄甫公为太极门门长，并且请澄甫公带几位高足担任教授之职。澄甫公因北京拳场门徒众多，各种事务均需妥善安排，一时未能成行。副馆长李景林见澄甫公迟迟未能到位就职，遂请孙禄堂先生为代理门长。孙先生不知张先生曾聘请澄甫公，即将太极门改为武当门，下设形意、八卦、太极三科，由其徒众担任教授。澄甫公不明情况，率众门徒到达南京，张之江设宴为澄甫公洗尘。酒过三巡，张之江开言道："国术馆不能有两位武当门长。可否请杨先生与孙先生比试一番，胜者留，败者去。"澄甫公坦然说道："孙二哥是我义兄，应该由他当门长，不用比试。但教授职位已无空缺，众门徒无处安插，杨某当即告辞，尚祈张馆长见谅。"事后，澄甫公对众门徒说："我与孙二哥情同手足，闭门切磋自然可以。岂能为了蝇头微利，当众比拼？张先生岂有此理！"澄甫公到上海后，张之江自知理亏，遂推荐澄甫公任浙江国术馆教务长。孙禄堂先生悉此事，即推荐形意拳教授高振东为中央国术馆武当门代理门长，挂冠而去，至江苏国术馆任教务长，表示与澄甫公处于平等地位。由此可见两位前辈之高风亮节。

澄甫公到上海时，吴鉴泉已在精武体育会教拳，带了火腿、燕窝、鱼翅、名酒等礼物拜见澄甫公。吴先生说道："三爷您可好？我吴家父子，在杨家学拳，至今以此为生。杨家之恩，没齿不忘。"澄甫公日："杨吴本是一家，何分彼此？你教过的学生我决不收留，你可以放心。”后来澄甫公在沪授拳，虽有吴家门徒想要改换门庭到杨家学拳，均被澄甫公婉言谢绝，并且说明，杨吴两家拳式略有不同，拳理拳法一脉相承。张秀林门人田作霖、孙禄堂门人陈微明拜澄甫公为师学太极拳，均为其本门师尊亲自推荐，否则澄甫公决不收留。因此，澄甫公与内外名家各派，均能团结友爱，和睦相处。澄甫公武德崇高感人至深。

杨澄甫——弟子传人

从学者极众，著名者有崔毅士（1892～1970）、李雅轩（1894～1976）、武汇川（1890～1936）、傅钟文（1908～1994）、董英杰（1897～1961）及其子杨振基（1921～2007）、杨振铭（1910～1985）、杨振铎等。

崔立志（1892～1970），字毅士

河北省任县人。师承杨式太极拳大师杨澄甫先生。崔毅士自幼酷爱武术。1909 年进北京慕名拜杨为师，精心悉拳，潜心练功，深得杨师器重教诲，得其真髓。1928 至 1936 年随杨师南下，巡回授拳于南京、上海、杭州、汉口、广州等地。1936 年后又独自授拳于南京、武汉、西安、兰州、安徽等地，1945 年返回北京。在数十年的练功及授拳研修过程中，崔先生不仅完全继承了杨师当年授拳时的认真守矩“以明规矩而守规矩，脱规矩而守规矩”的作风，加之多年随师授拳深得杨式大师真谛和毕生精心研修，成为此派杨式太极拳的代表人物。

崔毅士先生为人纯朴善良，性情耿直，豪爽有节，忠厚处节，有生以来专攻杨式太极拳功大。凡杨式太极拳、刀、剑、大杆（枪）、推手无不得杨式大师之真传，功底深厚，造诣精深，尤以推手为最擅长。善化善发，出手绵软，柔中有刚，轻灵机敏，虚实分明，听之至灵，动之至微，刮之至长，发之至骤。凡身受者未觉其动，而已腾空跌出丈外，令人惊叹折服。

崔毅士先生久居北京，在中山公园古柏荫下授拳，并建有“北京永年太极拳社”，任社长。在教学当中态度严谨、一丝不苟，对“教”“练”要求甚严，深得杨式遗风。毕生练功和授拳研修，使崔先生的技艺达到炉火纯青的地步，有崔派太极之美誉。其拳势宽大柔绵而舒展，别具一格，使杨式太极拳日臻完美得到进一步的发展。舒展大方，均缓柔和，轻灵沉稳，结构严谨，刚柔相济，浑厚庄重是杨式太极拳的特点。以其动作简洁，外柔内刚，体态潇洒，神态安详，体舒心静，优美自然，开展大方深得国内外广大太极拳爱好者所喜爱。杨式太极拳在练习方法上突出整体性、连贯性、圆活性和内外身心的统一性。端正自然，不偏不倚，舒展大方，旋转松活，以腰为轴，完整贯穿。从起式到收式，前后连贯有如一线贯通，衔接一气，上下表里，自然贯通，势断劲不断，衔接和顺周身完整。动作沉稳中带有轻灵，轻灵而不飘浮，动而不急动，静而不僵滞，即所谓轻而不飘，沉而不僵。外柔内实，绵绵不断，刚中寓柔，刚柔相济。不论虚实变化，起伏转换都是式式相连，犹如行云流水，没有丝毫停顿间断之处，更没有忽急忽缓带有棱角之处。正如《太极拳论》所说：由脚而腿而腰总须完整一气，“其根在脚，发于腿，主宰于腰，形于手指”，“绵绵不断”。杨式太极拳要求在意识引导下，呼吸匀细深长，气沉丹田，运劲如抽丝，迈步如猫行，心静，才能“用意不用力”，在宁静的情绪下，身正体松，意识、呼吸、动作三位一体，密切结合，进行有节奏的练身、练意、练气。因之太极拳乃是内外兼修，形神合一，动静结合，上下相随的高级行功的运动方式。太极拳不同于其他的运动，实乃从精神到形体都是一种柔和的运动。

崔毅士先生毕生致力于杨式太极拳的研修和普及工作。1964 年在杨式太极拳基础上创编了一套保留其杨式太极精华和风格特点简单易学更适宜工间进行练习的“杨式简化四十二式太极拳”。此套路推出后受到了广大太极拳爱好者的喜爱，广为流传至今。崔先生又根据自己多年练习体会并结合武术中棍术的特点，创编了“杨式太极棍”，为继承和发展太极拳运动做出了积极的贡献。

崔毅士先生终生授拳，一生中从学者极多，除嫡传女崔秀辰外、在众多从学者中人室弟子有：和西青、吴文考、吉良晨、杨俊峰、刘高明、张海涛、殷建尼、白志铭、马祥麟、李鸿、王永桢、黄永德、沈德丰、崔彬、邱佩如、孙正、方宁、李连生、曹彦章、陈连宝以及朱习之、王守礼、滕茂桐、姜焕亭、张家驹、崔少卿、钮心玉、杨乐安、宋翊三、陈志强、于家岚、陈雷等。众学者中不乏名人如:原海军司令肖劲光、原中宣部长周扬、原中顾委委员王首道以及著名学者丁玲、周立波、表演艺术家金山、侯喜瑞、画家李可染,还有外国驻华使节、中外专家、军政机关、高等院校、社会团体,工人、农民、学生、普通百姓,可谓桃李满天下。

崔先生对家人传授更为严格。无论拳术、器械都严格遵循杨式大师教诲进行系统严格的传授,并以武德第一、宽以待人的作风传于子孙。其女崔秀辰(1918~1992),秉承家学,几十年武术生涯,造诣较深,对传统杨式太极拳的发展起到积极推动作用。

刘高明(1931~2003),河北任县人

首都体育学院武术专家;杨式太极拳第五代传人。

曾任北京市杨氏太极拳协会首届常务副会长,二到四届会长。1952年拜北京杨式太极拳第四代传人崔立志(字毅士)为师学习太极拳并深得杨派太极真传,自1955年起,长期从事武术教学以及竞赛和裁判工作。在五十年代,代表北京参加了第二届全运会武术比赛项目,获得优异成绩。1992年应北大出版社邀请参加了太极拳系列教学片的讲座拍摄工作。1984年调入首都体育学院任武术专业教师至退休。在继承和发扬传统杨式太极拳方面做出很大贡献。